Mobile marketing

PUBLICAÇÕES
FGV Management

MARKETING

Mobile marketing

Fábio Flatschart
João Rego

FGV | EDITORA IDE

Direitos desta edição reservados à
FGV EDITORA
Rua Jornalista Orlando Dantas, 37
22231-010 | Rio de Janeiro, RJ | Brasil
Tels.: 0800-021-7777 | 21-3799-4427
Fax: 21-3799-4430
editora@fgv.br | pedidoseditora@fgv.br
www.fgv.br/editora

Impresso no Brasil / *Printed in Brazil*

Os conceitos emitidos neste livro são de inteira responsabilidade dos autores.

1ª edição – 2019

PREPARAÇÃO DE ORIGINAIS: Sandra Frank
EDITORAÇÃO ELETRÔNICA: Abreu's System
REVISÃO: Fatima Caroni
CAPA: aspecto:design

Ficha catalográfica elaborada pela Biblioteca Mario Henrique Simonsen/FGV

Mobile marketing / Fábio Flatschart, João Rego. – Rio de Janeiro: FGV Editora, 2019.
156 p.

Publicações FGV Management.
Área: Marketing.
Inclui bibliografia.
ISBN: 978-85-225-2147-0

1. Marketing na internet. 2. Comércio móvel. 3. Sistemas de comunicação móvel. 4. Telemarketing. I. Flatschart, Fábio. II. Rego, João. III. FGV Management. IV. Fundação Getulio Vargas. V. Título.

CDD – 658.872

Aos nossos alunos e aos nossos colegas docentes,
que nos levam a pensar e repensar nossas práticas.

Sumário

Apresentação

Este livro compõe as Publicações FGV Management, programa de educação continuada da Fundação Getulio Vargas (FGV).

A FGV é uma instituição de direito privado, com mais de meio século de existência, gerando conhecimento por meio da pesquisa, transmitindo informações e formando habilidades por meio da educação, prestando assistência técnica às organizações e contribuindo para um Brasil sustentável e competitivo no cenário internacional.

A estrutura acadêmica da FGV é composta por escolas e institutos, todos com a marca FGV, trabalhando com a mesma filosofia: gerar e disseminar o conhecimento pelo país. Dentro de suas áreas específicas de conhecimento, cada escola é responsável pela criação e elaboração dos cursos oferecidos pelo Instituto de Desenvolvimento Educacional (IDE), criado em 2003 com o objetivo de coordenar e gerenciar uma rede de distribuição única para os produtos e serviços educacionais da FGV.

Este livro representa mais um esforço da FGV em socializar seu aprendizado e suas conquistas. Foi escrito por professores da FGV, profissionais de reconhecida competência acadêmica e prática, o que torna possível atender às demandas do mercado, tendo como suporte sólida fundamentação teórica.

A FGV espera, com mais essa iniciativa, oferecer a estudantes, gestores, técnicos e a todos aqueles que têm internalizado o conceito de educação continuada, tão relevante na era do conhecimento na qual se vive, insumos que, agregados às suas práticas, possam contribuir para sua especialização, atualização e aperfeiçoamento.

Rubens Mario Alberto Wachholz
Diretor Geral do Instituto de Desenvolvimento Educacional

Sylvia Constant Vergara
Coordenadora das Publicações FGV Management

Introdução

Hoje em dia, tudo é tecnologia. Menos tecnologia, tecnologia é marketing.

Entender o processo disruptivo tecnológico e seu impacto na sociedade não é tarefa apenas dos profissionais da tecnologia da informação; é uma tarefa multidisciplinar que abarca múltiplas inteligências e competências que podem ser capitaneadas pela área de marketing. É o marketing que detecta tendências, revela demandas e se conecta com novos mercados.

Estamos vivenciando não apenas uma tecnologia, mas uma nova forma de criar, de pensar e comunicar por meio de dispositivos computacionais que agora são extensões dos nossos corpos e aos quais estão intimamente ligados.

Produtos que no último século fizeram parte da nossa cultura, como livros, jornais, músicas e mapas são hoje, graças à mobilidade, oferecidos como serviços, dentro de softwares que portamos em "caixinhas" multimídia que alguns ainda insistem em chamar de telefone.

Não só produtos converteram-se em serviços, mas modelos de negócios inteiros também. Vejam o transporte individual urbano, as agências de turismo, os bancos, as seguradoras, serviços de medicina, todos eles agora possuem um "m" de mobile na frente:

- *m-commerce*;
- *m-payment*;
- *m-health*;
- *m-banking*;
- *m-advertising*;
- *m-games*.

Como atender a essa tendência de crescimento exponencial? Como medir resultados e ações nesse universo?

Não são respostas simples, nem fórmulas prontas, mas certamente são respostas que passam pelo viés da tecnologia; é ela que viabiliza esses novos modelos de negócios. Considerando esse cenário, o objetivo deste livro é ajudar os profissionais na tarefa de identificar e aproveitar oportunidades de marketing digital com foco no ambiente móvel, por meio da compreensão de suas características, oportunidades e desafios, e com a aplicação de técnicas de mobile marketing nas marcas de sua organização e na sociedade.

O livro está estruturado em quatro capítulos. No primeiro, "Mobile marketing", é feita a abordagem inicial do tema, explorando suas definições e complementando-o com sua mais nova herdeira, a internet das coisas (IoT).

O segundo capítulo, "Dinâmica de mercado", fala do funcionamento do ecossistema mercadológico que envolve o universo mobile, seus canais de distribuição, operadores e fabricantes.

No terceiro capítulo, "Tecnologias e ferramentas", são abordadas as tecnologias, padrões, plataformas, ferramentas, soluções e como lidar com elas para a construção de estratégias consistentes de mobile marketing.

No quarto e último capítulo, "Estratégias, campanhas e métricas", é mostrado como construir estratégias e campanhas mobile, e como as questões de análise (métricas) e segurança impactam nas escolhas do profissional de marketing que atua neste segmento.

1
Mobile marketing

Neste capítulo, abordaremos as principais definições e características do mobile marketing e da sua mais recente ramificação, a internet das coisas (IoT). Serão tratados os aspectos fundamentais para o entendimento do ecossistema tecnológico e comunicacional no qual o mobile marketing está inserido.

O que é mobile marketing?

Alan Curtis Kay (cientista da computação pioneiro na programação orientada para objetos e no projeto de interfaces gráficas do usuário) dizia que a tecnologia só é tecnologia para quem nasceu antes de ela ter sido inventada.

As novas gerações não enxergam as tecnologias de computação móvel como novidade, pois, como estas já estão incorporadas ao seu cotidiano, tendem a se tornar invisíveis. Também o termo mobile marketing começa a passar por um desgaste; afinal, os dispositivos móveis já estão incorporados de maneira indissolúvel às estratégias de negócio e engajamento. Observe a figura 1.

Figura 1
Interfaces invisíveis

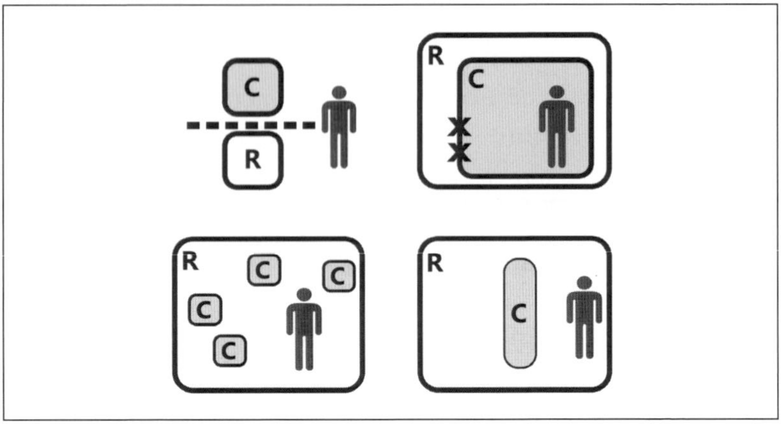

Fonte: Rekimoto e Nagao (1995).

Mesmo dentro desse cenário *mainstream*, algumas definições acadêmicas são importantes. Segundo Andreas Marcus Kaplan (2012), reitor da ESCP Europe Business School em Berlim, mobile marketing é qualquer atividade de marketing realizada em uma rede ubíqua, na qual os consumidores estão constantemente conectados por meio de um dispositivo móvel pessoal.

The Mobile Marketing Association (MMA, 2009), a mais importante associação comercial sobre marketing móvel e suas tecnologias associadas, define mobile marketing como um conjunto de práticas que permite que as organizações se comuniquem e se relacionem com seu público-alvo de maneira interativa e relevante por meio de qualquer dispositivo móvel.

O Institute of Electrical and Electronics Engineers (IEEE, s.d.), considerado a maior associação profissional do mundo dedicada à tecnologia e inovação e que engloba engenheiros, cientistas e profissionais multidisciplinares de áreas afins em todo o mundo, responsável pela disseminação de publicações, conferências, padrões tecnológicos, atividades profissionais e projetos educacionais, define mobile marketing como diferentes tipos de marketing que fazem uso de recursos tecnológicos da telefonia computacional móvel para atingir seu público-alvo.

Comumente, as empresas associam o marketing móvel com SMS, QR *codes*, aplicações móveis e projetos de web mobile.

É importante citar o papel do W3C (World Wide Web Consortium), que, apesar de não fornecer especificamente orientações voltadas ao mobile marketing, é um consórcio internacional no qual as organizações afiliadas, os desenvolvedores e a comunidade em geral trabalham na construção de padrões para a web.

De acordo com o W3C, sua missão é garantir que a web esteja Disponível em: tantos tipos de dispositivos quanto possível. Com o surgimento de inúmeros dispositivos móveis nos últimos anos, o papel da web como plataforma de conteúdo, aplicações e serviços nesses dispositivos é cada vez mais importante. O W3C acompanha esse crescimento com seu trabalho, buscando a padronização de tecnologias que possam aproveitar ao máximo as possibilidades da *open web platform* (plataforma web aberta), incluindo linguagens como HTML5, CSS3 e APIs de JavaScript.

Principais características

A divisão da história da humanidade em períodos é sempre um exercício crítico da nossa relação com o conhecimento. Macrofatias tentam, de maneira didática, organizar nossa existência, por exemplo, em Idade da Pedra, Idade do Bronze e Idade do Ferro. Também podemos pensar nas três grandes eras representativas das transformações que impusemos ao nosso planeta: a era agrícola, a era industrial e a era da informação.

Essas eras, essas divisões não são fronteiras estanques e claramente delimitadas; são abordagens práticas para uma compreensão melhor de nossa maneira de pensar, comunicar e criar, que deixam marcas sociais, econômicas, culturais e tecnológicas de nossa trajetória, geração após geração.

> Qualquer analista profissional de tendências nos dirá que os mundos da tecnologia e da cultura estão colidindo. Mas, o que surpreende não é a própria colisão – é o fato de ela ser considerada novidade [Johnson, 2001:8].

A rapidez com que a colisão entre esses mundos se intensifica e se consolida nos leva não mais a uma divisão histórica em eras milenares ou grande períodos centenários, mas sim a fatias cada vez menores de tempo, pequenos períodos, décadas, anos ou, às vezes, até mesmo, meses, moldando ciclos de inovação cada vez mais curtos, implicando mudanças sociais e culturais.

Na área da tecnologia da informação costumamos chamar esses curtos lapsos de tempo de ciclos ou ondas tecnológicas.

Não podemos e nem devemos ignorar os muitos pioneiros da tecnologia da informação e da computação desde os antigos egípcios, gregos e árabes até os mestres e mestras como John Napier, Charles Babbage, Ada Lovelace e Alan Turing, mas, por motivos práticos, faremos nosso recorte a partir dos anos 1950, sem a intenção de demonstrar uma classificação ortodoxa, acadêmica e definitiva:

- 1950 – *mainframes*;
- 1960 – minicomputadores;
- 1980 – computadores pessoais;
- 1990 – *desktops*;
- 2000 – dispositivos móveis;
- 2010 – objetos (coisas).

Dentro desse cenário gigante de pessoas, empresas e objetos conectados, alguns pontos são inerentes ao ecossistema mobile, o que inclui dispositivos móveis e objetos conectados.

Mobilidade

Termo de extrema importância para o mercado em geral, aqui é tratado dentro do recorte digital, onde mobilidade é a condição de uso, acesso e interação entre pessoas, serviços e empresas, independentemente de onde estejam, e é uma premissa para o sucesso de qualquer estratégia de mobile marketing. A mobilidade permite uma experiência fluida, em que produtos e serviços acompanham o consumidor, independentemente de sua localização ou de seu dispositivo computacional (smartphone, tablet, automóvel, *wearable* ou qualquer objeto inteligente conectado).

Pessoalidade

A possibilidade de customização e personalização de produtos e serviços para cada usuário faz do universo mobile o reflexo do modelo de vida contemporâneo, que busca na individualidade a satisfação de seus desejos e necessidades.

Imediatismo (Nowismo)

A ubiquidade comunicacional permite a satisfação instantânea de serviços e experiências requisitados pelo usuário. Consumidores solicitam uma carga enorme de dados e informações em tempo real. Esse comportamento, conhecido como imediatismo ou como "nowismo" (um neologismo comum no meio digital), impacta a velocidade com a qual empresas atendem seus clientes.

Interatividade

A revolução digital fazia sentido para aqueles que nasceram no mundo analógico e acompanharam a transição dos átomos para os *bits*, do vinil para o CD e depois para o MP3 e agora para os serviços de *streaming*.

Mas qual é o sentido de se falar em revolução digital para a geração que nasceu após 1990 e não conheceu o mundo sem a web e sem os aplicativos? Interatividade agora é palavra-chave.

Os profissionais do século XXI não têm mais necessidade de digitalizar o mundo, mas sim de interagir com ele. Esse novo profissional, que começa a ser muito requisitado pelo mercado, é aquele que faz a ponte entre o digital e o interativo.

A interface dos dispositivos móveis é onde ocorre a relação entre o usuário e o conteúdo, entre o real e o virtual; é o ponto de contato entre o usuário e a máquina. Com o uso da digitação, da voz ou dos gestos, o usuário pode estabelecer uma relação simples e direta de interatividade com um sistema mobile.

Georreferenciamento

Georreferenciamento é o ato de tornar conhecidas as coordenadas geográficas de um ponto dentro de um sistema de referência, ou seja, de um mapa.

Após a obtenção das coordenadas de um determinado ponto, podem ser identificados os contornos físico-geográficos detalhados de um local físico, tanto de traçados urbanos (construções em geral, aeroportos, edifícios) quanto naturais (florestas, rios, montanhas, mares).

Essas coordenadas dos pontos de controle podem ser obtidas por meio de muitos métodos. No caso do mundo digital, o mais comum é o GPS (Global Positioning System ou Sistema de Posicionamento Global, em português), no qual um sistema de posicionamento de um grupo de satélites (no mínimo três) indica a um aparelho receptor móvel sua posição.

Mensurabilidade

Big data, *cloud computing* e ubiquidade: esse é o tripé tecnossocial que alimenta e potencializa ao infinito o bombardeio informacional ao qual somos submetidos diariamente.

Todos esses dados só se tornam relevantes quando podem ser clinicamente medidos e analisados, quando tornam-se mensuráveis. Cada dispositivo móvel que portamos torna-se uma minicentral de *business intelligence* (BI) que armazena e identifica onde, como e por quem esses dados foram gerados.

Phygital (physical + digital)

A fronteira entre o mundo físico e o virtual é uma zona híbrida onde a geração nascida após 1990, como citamos anteriormente, trafega com desenvoltura em mundos que mesclam um universo indissolúvel de infinitas percepções sensoriais e comportamentais.

Os dispositivos móveis atuam nessa fronteira, fazem a "ponte" entre esses dois mundos, traduzindo, interagindo e decodificando os elementos de ligação entre o físico (*physical*) e o digital. São os leitores de QR *codes*, códigos de barras e imagens, sensores de movimento e gestos, *beacons* e interfaces inteligentes dos dispositivos que permitem essa "ponte", permitem essa integração entre os lados de uma fronteira cada vez mais tênue: a fronteira do *phygital*.

Mobile first e mobile only

Nascida como uma necessidade projetual, ou seja, como uma estratégia de *design*, a adoção de modelos mobile *first* foca nas oportunidades emergentes da mobilidade, permitindo priorizar a essência de seus produtos, de acordo com recursos e limitações inerentes aos dispositivos computacionais móveis. Além disso, proporciona experiências inovadoras por meio da construção de novas capacidades nativas dos dispositivos móveis e de novos usos de tecnologias consolidadas.

O conceito original de mobile *first* foi introduzido por Luke Wroblewski (2011). Segundo o autor, deve-se começar um projeto web sempre pela versão mobile, para só depois criar as versões para dispositivos maiores, como *desktops* e *notebooks*. Dessa forma, partimos de uma versão mobile adequada para atender às especificações e necessidades dos pequenos dispositivos, pautada pela simplicidade, acessibilidade e usabilidade. Veja a figura 2.

Figura 2
Mobile first design

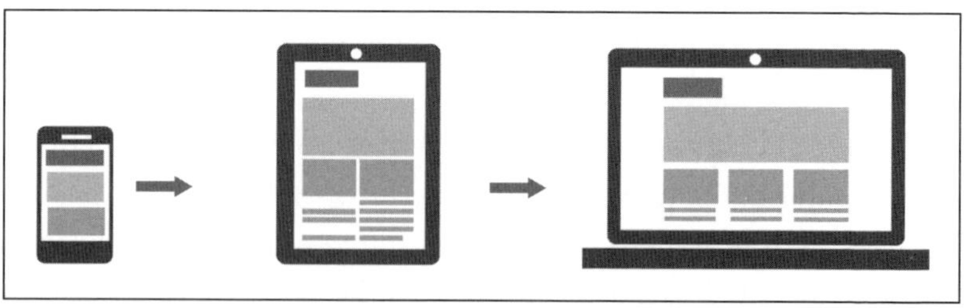

Fonte: <www.thumb321.com.br/img-524cbac412bb70d6>. Acesso em: maio 2018.

Esse conceito ganha um novo significado quando dentro de uma estratégia de mobile marketing, na qual percebemos que os usuários já estão a maior parte do tempo nas telas móveis e pequenas, e muitos só acessam o *desktop* ou *notebook* na empresa ou quando atuam em áreas que exigem computadores e telas específicas, como *designers*, desenvolvedores, artistas gráficos, engenheiros e arquitetos.

Por isso, muitas marcas e empresas não pensam mais apenas como mobile *first* e sim como mobile *only*, modelo no qual dispositivos móveis tornam-se não apenas o principal (*first*), mas único (*only*) canal de relacionamento que integra todas as estratégias de maneira total e ubíqua.

A possibilidade de estar conectado com todas as pessoas em todos os lugares e em todos os momentos é o fator-chave nos processos de comunicação e relacionamento por meio dos dispositivos móveis; é ela, a ubiquidade que permite a interação com o público-alvo em todas as telas.

Internet das coisas

Como vimos, estamos na onda tecnológica da internet das coisas, em que objetos, sensores, controladores e sistemas estão conectados na nuvem, conversando com você e sobre você.

Para compreendermos o conceito e a abrangência desse termo, é importante resgatar sua origem.

Na década de 1980, Mark Weiser, que trabalhava como coordenador das oficinas de ciência da computação na Xerox PARC, onde também foi *chief technology officer* (CTO), defendeu, junto à comunidade de desenvolvedores, um novo conceito que chamou de computação ubíqua:

> A computação ubíqua é a terceira onda da computação que está apenas começando. Primeiro foram os mainframes, cada um

> compartilhado por muitas pessoas. Agora estamos na era da computação pessoal, pessoas e máquinas frente a frente. Logo teremos a computação ubíqua, ou a idade da tecnologia "calma", quando a tecnologia se desloca para o plano de fundo de nossas vidas, tornando-se invisível [Weiser, 1996].

O termo internet das coisas surgiu pela primeira vez em 1999, na fala do cientista britânico Kevin Ashton, criador do padrão RFID quando trabalhava na Procter & Gamble:

> Creio que a expressão "internet das coisas" nasceu com o título de uma apresentação que fiz na Procter & Gamble (P&G) em 1999, relacionando a nova ideia de RFID na cadeia de suprimentos da P&G com a internet [Ashton, 2009].

Definições podem ser rotuladoras, mas ajudam na compreensão conceitual. Então, vale ressaltar esta, da ITU, a agência especializada das Nações Unidas na área de tecnologia da informação e comunicação, pelo seu caráter objetivo e didático: "Internet das coisas é uma rede de objetos/dispositivos físicos, veículos, edifícios e outros itens que são dotados de sistemas eletrônicos, *softwares*, sensores e conectividade de rede, o que permite a esses objetos obter e trocar dados" (Internet of Things Global Standards Initiative, 2015).

Do ponto de vista prático, internet das coisas pode ser entendida simplesmente como um sistema em que um objeto físico é controlado por algum tipo de sensor conectado à internet. Na equação a seguir, o conceito de objeto pode ser ampliado para "objeto inteligente", já que o mesmo é capaz de reagir e interagir com dados, com outros objetos e com pessoas, caso essas sejam os usuários finais do sistema:

Objetos + sensores + internet = internet das coisas

Nesse contexto, um sensor dá ao objeto inteligente a capacidade de interação com o mundo, um microprocessador permite ao objeto a manipulação e transformação dos eventuais dados capturados pelos sensores, um dispositivo de comunicação permite ao objeto o compartilhamento dos resultados dessas leituras dos sensores com todo o sistema.

A seguir, algumas aplicações práticas que exemplificam essa equação:

- uma bagagem na esteira do aeroporto, com etiquetas RFID embutidas, que “encontra” seu dono;
- sistemas de segurança ou monitoramento doméstico com câmeras e sensores conectados à internet;
- um carro inteligente conectado e autoguiado por um sistema de GPS;
- uma plantação com quilômetros de extensão tendo seu nível de umidade monitorado e interligado a um sistema de irrigação automático;
- o controle logístico de uma linha de montagem *just in time* em uma planta industrial;
- uma cidade inteligente monitorando e controlando sistemas de água, esgoto e eletricidade.

Essa ubiquidade inerente à internet das coisas permite sua “capilarização” dentro dos mais variados modelos de negócio, impactando diretamente o cotidiano das instituições e criando novas formas de relacionamento entre empresas, pessoas e consumidores. Esses novos modelos comunicacionais, hoje, já estão presentes nos segmentos de:

- automação doméstica;
- cidades inteligentes;
- entretenimento;

- *games*;
- logística;
- saúde;
- varejo;
- *wearables* (dispositivos vestíveis).

Na internet das coisas ou em qualquer outra nova onda tecnológica, as transformações são gradativas; não existe uma data de início ou de término para as "disrupturas". Elas se consolidam quando nelas podem ser aplicados processos gerenciais claros e mensuráveis, que já aparecem no mercado brasileiro, como apresentado na figura 3.

Projeto ELD (Electronic Login Device) da Kanamobi (Brasil) em parceria com Stoneridge (EUA)

Figura 3
ELD (Eletronic Login Device) – Tela de monitoramento

Fonte: <www.kanamobi.com.br/cases/stoneridge>. Acesso em: maio 2018.

O projeto visa salvar vidas, diminuir os acidentes nas estradas e regulamentar a jornada dos caminhoneiros que, hoje, são mais de 3 milhões apenas nos Estados Unidos. O ELD (Eletronic Login Device) funciona por meio do dispositivo acoplado ao painel do caminhão, que, por sua vez, recebe informações que são transmitidas para um aplicativo nos *smartphones* e *tablets*.

A tecnologia desenvolvida pela Kanamobi sincronizará informações que vão desde dados do motor do caminhão até o estado de movimento (parado, andando, manobrando etc.), milhas percorridas, localização e tempo de direção, mantendo registros abrangentes do tempo de condução, evitando que o motorista percorra muito mais do que o estipulado por dia.

A solução desenvolvida é um avanço no controle efetivo de frotas, redução de custos, gestão da informação, e pode ser aplicada em diversos segmentos, como seguros, logística e transporte.

Com um dispositivo *plug and play*, simples e de fácil uso, é possível não só ajudar a reduzir acidentes, mas também obter diagnóstico do veículo. Um grande diferencial é que a solução é flexível e pode ser aplicada de acordo com as necessidades de cada empresa no Brasil.

Projeto Positron da Kanamobi (Brasil)

Solução de IoT integrando software e hardware em uma aplicação móvel que ativa e desativa o alarme do carro, trava dos vidros, personaliza o *beep* do disparo do alarme, sistema de pânico e avisa à central que o carro foi roubado. Além disso, é possível encontrar onde o carro foi estacionado por geolocalização. Veja a figura 4.

Figura 4
Interface do aplicativo Positron da Kanamobi

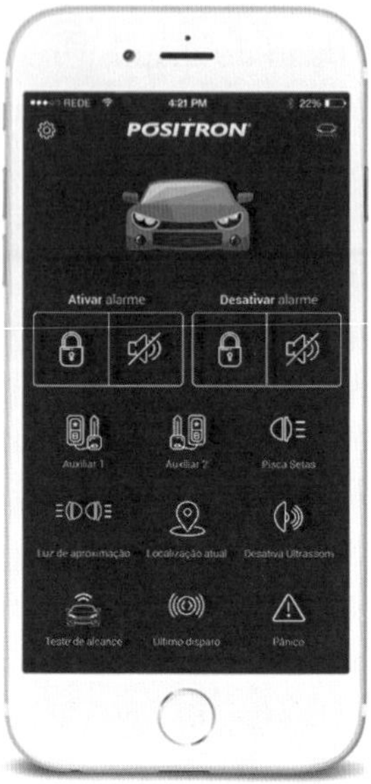

Fonte: <www.kanamobi.com.br>. Acesso em: maio 2018.

* * *

Neste capítulo, tratamos dos conceitos tecnológicos e comunicacionais fundamentais do mobile marketing e de sua extensão, a internet das coisas. Esses conceitos são os pilares da construção de uma estratégia profissional de marketing em todos os dispositivos.

Para nos apropriarmos deles no dia a dia, é necessário inseri-los na prática do mercado e relacioná-los com os múltiplos *stakeholders* do setor. Esse é o nosso desafio no próximo capítulo: entender a dinâmica de mercado.

2 Dinâmica de mercado

O mercado no qual o universo do mobile marketing está inserido é um ecossistema complexo que envolve uma enorme cadeia de parcerias comerciais e tecnológicas para abraçar a demanda ao redor de suas necessidades. Compreender como esse processo acontece e qual o papel dos principais integrantes é o objetivo deste capítulo.

Números de mercado

Trabalhar com os números atualizados do mercado mobile é condição fundamental para traçar estratégias de sucesso consistentes. A velocidade com a qual tecnologia e comportamentos se modificam é um fator e risco que pode agravar a "miopia" de marketing, ou seja, a tomada de decisões equivocadas baseadas em recortes de mercado que não condizem com a realidade.

No Brasil, temos uma pluralidade de cenários e públicos que estão pulverizados nas mais contrastantes situações de acesso, inclusão e uso das TICs (tecnologias de informação e comunicação) comuns aos países emergentes econômica e socialmente:

- índices ainda altos de analfabetismo digital;
- custo elevado de dispositivos e aparelhos;

- custo elevado de acesso à rede e planos de dados móveis;
- maior número de planos pré-pagos em relação aos pós-pagos;
- carência de infraestrutura física básica de telecomunicações.

Porém esse cenário é um mar de oportunidades para novos entrantes comerciais e tecnológicos que podem se aproveitar de uma enorme demanda reprimida de novos usuários, ávidos por novos serviços.

Duas instituições se destacam como fontes confiáveis de dados: o mercado brasileiro de TICs, incluindo o mercado mobile:

Cetic.br – Centro de Estudos sobre as Tecnologias da Informação e da Comunicação (http://cetic.br)

> O Cetic.br é um departamento do Núcleo de Informação e Coordenação do Ponto BR (Nic.br), que implementa as decisões e projetos do Comitê Gestor da Internet do Brasil (Cgi.br). Por meio do Cetic.br, o NIC.br e o CGI.br realizam sua atribuição de promover pesquisas que contribuam para o desenvolvimento da Internet no país [Cetic.br, s.d. a].

Um dos serviços do Cetic.br, é a pesquisa e compilação de dados de acesso e uso das TICs no Brasil, que são organizadas por setores como:

- TIC domicílios;
- TIC empresas;
- TIC educação;
- TIC saúde;
- TIC kids online;
- TIC organizações sem fins lucrativos;
- TIC provedores;

- TIC governo eletrônico;
- TIC centros públicos de acesso;
- TIC cultura.

Em cada uma das categorias, é possível encontrar dados específicos sobre o acesso e uso de tecnologias mobile, como mostrado na figura 5.

Figura 5
Usuários de internet pelo telefone celular por tipo de conexão utilizada no celular

Percentual (%)		3G ou 4G				WiFi			
		Sim	Não	Não sabe	Não respondeu	Sim	Não	Não sabe	Não respondeu
Total		70	27	3	0	86	13	1	0
Área	Urbana	71	26	3	0	87	12	1	0
	Rural	62	34	4	0	78	21	0	0
Região	Sudeste	74	23	3	0	87	11	1	0
	Nordeste	63	34	3	0	87	13	0	0
	Sul	71	25	3	1	83	16	0	0
	Norte	75	23	2	0	79	20	1	0
	Centro-Oeste	66	31	3	0	87	12	1	0

Fonte: Cetic.br (s.d.b).

Teleco – Inteligência em Telecomunicações (http://www.teleco.com.br)

O portal Teleco é a mais importante comunidade virtual focada no estudo e análise do mercado de telecomunicações via internet do Brasil.

Seu ponto forte é a visualização dos números de mercado das operadoras e de como elas atuam no Brasil, por exemplo, a cobertura 4G no território brasileiro dividindo-o em municípios e operadoras mostrada na tabela 1.

Tabela 1
Teleco: municípios cobertos com tecnologia 4G no Brasil (out. 2017)

Operadora	2015	2016	Set. 2017	Out. 2017
TIM	411	1.255	2.401	2.551
Vivo	183	516	1.919	2.106
Claro	187	598	1.251	1.286
Oi	147	284	284	284
Algar	–	2	14	24
Nextel	10	10	10	10
Total	**469**	**1.526**	**3.259**	**3.363**

Fonte: Teleco. Disponível em: <www.teleco.com.br/4g_cobertura.asp>. Acesso em: 2 dez. 2017.

Operadoras

As operadoras de telefonia foram as pioneiras em tentar alcançar novas oportunidades, pois, com seus altíssimos custos de rede de antenas, roteadores, *links* de internet e marketing, precisavam garantir um valor extra além dos serviços de voz (ligações) a seus assinantes.

O termo cunhado para designar esses serviços extras ao usuário foi serviço de valor adicionado (SVA) ou *value add service (VAS)*, em inglês. Nele, as operadoras conseguem cobrar na conta dos usuários todos os serviços extras não relacionados ao serviço padrão de voz, tais como dados, serviços de sons de chamada, aplicativos da operadora etc.

Nos últimos anos, devido à alta disponibilidade de aplicações OTT (*over-the-top*), ou seja, serviços que utilizam a infraestrutura das operadoras para oferecer serviços similares tanto de voz como de mensageria instantânea, como WhatsApp e Skype, sem necessariamente pagar por isso, as operadoras não estão mais no controle do usuário como antes.

Some-se a isso o Marco Regulatório da Internet (Lei nº 12.965/2014), que frustrou algumas intenções de restrição do uso do canal e venda casada de produtos e serviços. Essas mudanças geraram uma queda grande do uso de serviços tradicionais e voz e SMS, que equilibravam o caixa das grandes operadoras de telefonia, obrigando-as a buscar alternativas de rentabilidade.

As operadoras estão mudando suas ações, procurando conquistar novos usuários por ações do tipo *pull*, nas quais o usuário enxerga valor na oferta da empresa e adere a um serviço para ser cobrado na sua conta.

Parcerias com aplicativos, antes concorrentes, como serviços de *streaming* musical, serviços de conteúdo educacional a distância e bancas de revistas virtuais, formam o portfólio de serviços que uma operadora é capaz de oferecer a um custo competitivo em uma só conta.

Porém, apesar de todos os reveses, as operadoras ainda possuem vantagens competitivas:

- canal direto de ofertas de conteúdo e serviços – são elas que detêm o cadastro completo do cliente, facilitando ações de CRM, além de deter o canal de conectividade primário do usuário, podendo fazer promoções e parcerias com outros serviços de terceiros;
- *links* gravados no *chip* do dispositivo – apesar de pouco usado hoje em dia, nos *smartphones*, o *chip* que a operadora oferece contém alguns *links* de serviços exclusivos para clientes;
- crédito facilitado – o maior trunfo das operadoras, sem dúvida, é a facilidade da cobrança direto na conta dos usuários, sem a necessidade de intermediários, funcionando quase como um cartão de crédito virtual;

- serviços exclusivos – serviços que dependem diretamente da operadora como som de chamada (*ring-back-tone*) e caixa postal.

Fabricantes

Fabricantes de aparelhos, em geral, ficam com uma parte bem estreita da equação. Têm altos custos de pesquisa e desenvolvimento, custos altíssimos de marketing, alta concorrência e ainda arcam com o custo de garantia, manutenção e suporte do dispositivo. Porém, como é de fato no aparelho que a interação do usuário ocorre, isso possibilita novas janelas de oportunidade para receita.

A Apple, por exemplo, tem seu próprio ecossistema: aparelho, sistema operacional e loja de aplicativos (apps). Possui maior vantagem por controlar quase todo o ambiente (com exceção do canal de conectividade móvel que está a cargo da operadora).

O Google tem até seu próprio aparelho, porém, mais famoso é seu sistema operacional, Android, utilizado por diversos outros fabricantes sem pagar *royalties* por ele.

São vantagens dos fabricantes:

- aplicativos (apps) e *links* gravados no aparelho – conseguem facilitar a venda extra de serviços por já estarem, de antemão, configurados no dispositivo, sem a necessidade que o usuário realize a instalação;
- loja com software embarcado – em caso de sistemas operacionais abertos, é comum ter mais de uma loja para comprar e baixar apps. O fabricante já deixa sua loja padrão instalada a fim de garantir uma receita extra;
- integração com outros dispositivos da marca – uma vantagem competitiva grande, pois evita difíceis configurações que nem sempre funcionam. Como muitos fabricantes de apa-

relhos são empresas de *home-appliances* (Samsung, LG, Sony e outras), acabam integrando todos os aparelhos de forma facilitada. E com o advento da IoT (internet das coisas), é provável que essa vantagem cresça e se torne um diferencial dos fabricantes que só desenvolvem *smartphones*;

- parceria com *players* complementares *OTT* – acordos globais podem facilitar a inclusão de serviços extras (apps, por exemplo) sem passar pelas operadoras, com o software já embarcado.

OTT/Branded players

Os serviços de marca própria se utilizam de todo o ecossistema de terceiros (rede de dados, sistemas operacionais e dispositivos); logo, têm uma vantagem competitiva interessante por não incorrerem em altos custos iniciais para operar. Porém essa facilidade também é sua fraqueza, pois a barreira de entrada de mercado é menor, de modo que torna a competitividade maior.

No passado, muitas empresas tinham sua própria marca para comercializar serviços de SVA, porém com alta dependência de mídia (*on/off-line*) e divisão de receita na participação do negócio, como parceria com as operadoras, canais de TV, rádios FM, por exemplo, a promoção "SBT monta sua banda". Veja a figura 6.

Ao longo do tempo, essa estratégia não se mostrou sustentável, pois os serviços de OTT entraram fortemente no mercado e diminuíram ainda mais os intermediários da cadeia, tornando o modelo inviável economicamente.

Na sequência, veio a possibilidade da criação de serviços *over-the--top*. Aproveitando-se do baixo custo de entrada, milhares de apps invadiram as lojas, levando os mais variados serviços aos usuários, não havendo mais a dependência direta de mídia de terceiros ou mesmo das operadoras.

Figura 6
Promoção SBT monta sua banda

Fonte: <www.mundodastribos.com/promocao-sbt-monta-a-sua-banda.html>. Acesso em: 2 dez. 2017.

Serviços de mensageria foram os primeiros, como Skype, WhatsApp e Facebook Messenger, e não só contribuíram para o declínio do uso de SMS como também do consumo de serviço de voz das operadoras, com a utilização dos serviços de Voip (Voz sobre IP).

Muitos produtores de conteúdo, editoras de livro e canais de TV têm criado seus próprios canais de marca nesse novo mercado, como Globo e HBO. Veja, por exemplo, a figura 7.

Porém, um filão promissor foi o de serviços de conteúdo licenciado de terceiros, como serviços de *streaming* de áudio e vídeo, como Netflix e Amazon Prime Videos para vídeos, Spotify e Deezer para músicas. Veja a figura 8.

Figura 7
Globo Play: plataforma digital de vídeos da Globo

Fonte: <https://globoplay.globo.com/>. Acesso em: 2 dez. 2017.

Figura 8
Spotify, serviço de música digital

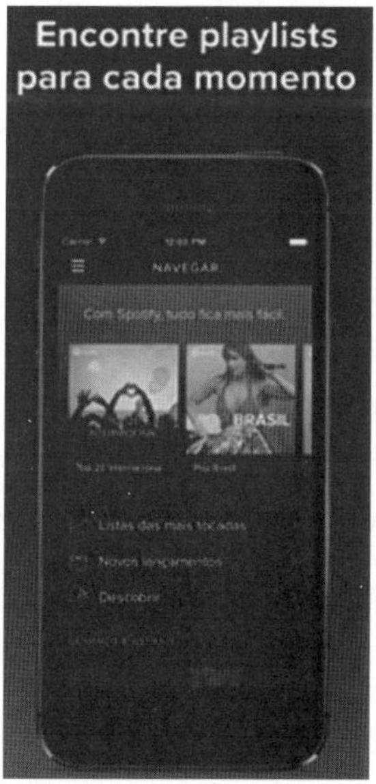

Fonte: <www.spotify.com/br/>. Acesso em: 2 dez. 2017.

Vantagens dos OTT/*Branded players*:

- menor barreira de entrada e investimento – por não arcar com o custo de rede e fabricação de aparelho, pode concentrar esforços no serviço oferecido;
- redes de conteúdo – muitas produtoras e editoras donas dos conteúdos não têm *expertise* técnica ou não conseguem criar valor agregado suficiente para irem direto ao usuário final apenas com seu catálogo e, por isso, optam por licenciar seus conteúdos de música, vídeo e livros para agregadores digitais que viabilizam a comercialização em diversos canais.

O mercado tem passado por grandes transformações: antes uma extrema dependência das operadoras, passando pelo controle dos fabricantes de aparelhos e, por fim, as grandes donas de conteúdos e serviços OTT, todos querendo se beneficiar do mercado móvel. O equilíbrio de força é complexo. De fato, quem sairá ganhando será o usuário, que, em princípio, terá mais serviços e conteúdos à sua disposição por preços cada vez mais competitivos.

Vislumbrando um futuro próximo com a IoT sendo mais presente na vida dos usuários e os dispositivos vestíveis, sem dúvida, as mudanças estão apenas começando e não é fácil saber quem será o ator principal das próximas cenas, em que muitas indústrias se encontram (telecomunicações, software e hardware), cada uma armada com suas virtudes para disputar um só bolso: o do usuário.

* * *

Vimos, neste capítulo, a complexidade desse ecossistema e o papel de cada *player*. Esses papéis estão apoiados em um conjunto de tecnologias, ferramentas e plataformas que concretizam as funcionalidades que são oferecidas aos usuários dos serviços mobile. No próximo capítulo, vamos enumerar e especificar quais são essas tecnologias e como elas impactam a construção de estratégias de mobile marketing.

3
Tecnologias e ferramentas

Em um mercado conectado, o funcionamento de todas as engrenagens depende da escolha correta de tecnologias, padrões, plataformas e ferramentas de soluções, pois a cada dia surgem novas possibilidades. Neste capítulo, veremos como lidar com elas e como cada uma contribui para a construção de estratégias consistentes de mobile.

Sistemas operacionais

Sistema operacional móvel, ou Mobile OS (*mobile operating system*) em inglês, é um tipo de sistema operacional especificamente criado para aparelhos celulares, *smartphones*, *tablets*, *wearables* e outros dispositivos móveis.

Ele não possui todas as funcionalidades de um sistema operacional completo, como Windows, MacOS ou Linux, o que o torna, de certo ponto de vista, limitado, porém, está integrado com os recursos dos dispositivos móveis modernos.

Dentro do universo da telefonia móvel, é possível classificar os dispositivos de acordo com a capacidade de recursos suportados por seus sistemas operacionais:

- *feature phone*, telefone básico ou telefone multimídia – possui recursos de chamada de voz, envio de mensagens no formato SMS e MMS, algumas funcionalidades multimídia (câmera, áudio e vídeo) e alguns recursos simples de conectividade como *bluetooth* e *wi-fi*. Veja a figura 9.

Figura 9

Celular Positivo P20 *dual chip*: rádio FM MP3 *player bluetooth*

Fonte: <www.positivoinformatica.com.br/>. Acesso em: 2 dez. 2017.

- *smartphone* ou telefone inteligente – é um dispositivo computacional e permite total integração de seu sistema operacional com câmeras para imagem e vídeo, telas sensíveis ao toque, conectividade (*bluetooth*, 4G, Wi-Fi, NFC), GPS, reprodutores multimídia, assistentes de reconhecimento de voz, acelerômetro, giroscópio, biometria, *voice input*, interfaces gestuais, 3D e outros. Veja a figura 10.

Figura 10
Samsung Galaxy S8

Fonte: <www.samsung.com/br/>. Acesso em: 2 dez. 2017.

Os sistemas operacionais móveis mais comuns podem ser observados no quadro 1.

Quadro 1
Sistemas operacionais móveis

Fabricante	Sistema operacional móvel
Google	Android
Apple	iOS
Microsoft	Windows Phone
Nokia	Symbian OS
Palm/HP	WebOS
Samsung	Bada

Esse mercado é extremamente volúvel e, apesar de hoje ser polarizado entre Android e iOS, é preciso sempre estar atento e identificar onde está seu público-alvo.

Na tabela 2, extraída do *site* StatCounter Global Stats, temos os dados referentes ao mês de abril de 2017 que mostram o *market share* dos sistemas operacionais móveis no Brasil. Para dados atualizados, consulte o *link* <http://gs.statcounter.com/os-market-share/mobile/brazil>.

Tabela 2
Market share dos sistemas operacionais móveis

Android	iOS	Windows
84 %	10%	2,5%

Fonte: <http://gs.statcounter.com>. Acesso em: 25 nov. 2017.

Web e aplicativos

Apesar de, na prática, muitos considerarem como sinônimos, internet e web são conceitos distintos, tanto do ponto de vista técnico quanto do estratégico, quando o assunto é mobile marketing. Podemos considerar um marco do começo da história da internet quando, em 3 de outubro de 1969, dois computadores, distantes 350 km – um na University of California em Los Angeles (UCLA) e o outro no Stanford Research Institute (SRI) – se conectaram em uma rede que os ligava por via telefônica e tentaram (sem êxito) transmitir a palavra "LOGIN" letra por letra. As letras "L" e "O" foram enviadas, mas o processo travou na letra "G".

Criada em 1969, a Advanced Research Projects Agency Network (ARPANet), hoje chamada de "mãe de todas as redes", tinha a missão de interligar os centros de pesquisas militares do governo americano. E utilizou, a partir de 1970, um recém-criado protocolo de comunicação em rede, o *transmission control protocol/internet protocol* (TCP/IP), que seria mais tarde (em 1983) responsável por interligar também redes civis e acadêmicas.

É demarcada a data de 1º de janeiro de 1983 como a da transformação de toda ARPANet para TCP/IP, o que resultou em uma internet, ou seja, a integração de todas as redes. E ainda não estamos falando de web.

A web ou World Wide Web surgiu nos anos 1990 com as pesquisas de Tim Berners-Lee que possibilitaram, com o uso do *browser* (navegador), do protocolo HTTP e da linguagem HTML, a visualização gráfica e textual do conteúdo da internet em computadores conectados.

Em sua arquitetura, a web é construída nesses fundamentos:

- protocolo de comunicação – HTTP (*hypertext transfer protocol*);
- linguagem de marcação – HTML (*hypertext markup language*);
- documentos estruturados na forma de hipertexto;
- *browser* (navegador) como interface de visualização desses documentos.

Esse resgate histórico não tem apenas uma função informativa; ele é fundamental para sabermos quando optar por modelos de tecnologias e negócios baseados em internet e quando por aqueles baseados em web. Veja um exemplo didático, bem simplificado.

- Eu acesso o Facebook por um aplicativo que teve de ser instalado no sistema operacional (Android, iOS ou outros) no meu dispositivo móvel; ele foi construído como uma aplicação mobile. Reparem que não existe um URL e nem um navegador em ação. Estamos falando de internet, usamos plataformas e linguagens de programação específicas para cada sistema operacional. Estamos falando de aplicativos mobile, aplicações nativas, mobile apps, ou simplesmente apps.

- Eu acesso o Facebook pelo navegador, como Chrome, Safari ou Firefox, do meu dispositivo móvel, independentemente de qual sistema ele seja (Android, iOS ou outros). Agora, temos uma URL (http://facebook.com/suapágina) e, como dissemos, estamos em um navegador. Estamos falando de web, usamos plataformas e linguagens de programação de *browser* (navegador) independentemente do sistema operacional.

Então, nesse cenário, temos resumidamente duas grandes vertentes:

- aplicativos – funcionam instalados no sistema operacional do dispositivo e são distribuídos pelas lojas específicas de cada sistema – App Store, Google Play, Windows Phone Store e outras;
- web – funciona no navegador do dispositivo móvel e, por isso, independe do sistema operacional do mesmo.

Mas ambas possibilidades podem conviver em modelos híbridos. Novos caminhos são possíveis para a distribuição de produtos e serviços mobile por meio da integração dos recursos de aplicações móveis nativas com funcionalidades web:

- aplicação web *off-line* – é 100% web, mas não precisa de conexão. Por exemplo, o jogo Cut the Rope 161 do Google Chrome é um aplicativo em HTML5 que funciona dentro do seu *browser*, mas que não precisa da internet. Veja a figura 11;

Figura 11
Tela do jogo Cut the Rope

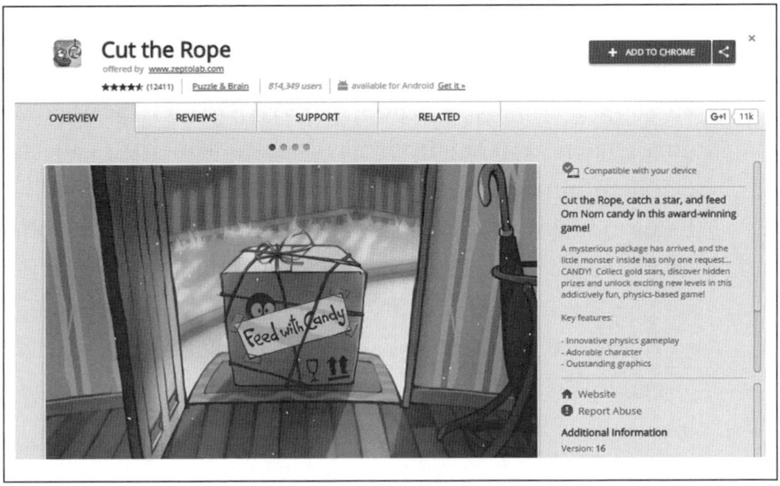

Fonte: <www.chrome.google.com/webstore>. Acesso em 25 abr. 2019.

- aplicação web *on-line*/assíncrona – uma aplicação 100% web que pode ter o catálogo de produtos armazenados no dispositivo, não dependendo de conexão para ser mostrado. Os pedidos também podem ser armazenados localmente. Porém, quando uma conexão com a internet estiver disponível, os dados podem ser sincronizados e atualizados;
- aplicação híbrida (web *view* simples) – os sistemas operacionais móveis, como o iOS e o Android, contêm um *browser* "embutido" chamado de web *view*, que funciona como uma interface web. Pode até ser um aplicativo nativo, com um ícone e alguns arquivos locais, mas todo o resto é baixado do servidor, como documentos HTML (páginas);
- aplicação híbrida assíncrona – é um aplicativo nativo, também com uma web *view*, mas a conexão à internet não é necessária para o funcionamento do aplicativo, a não ser que este necessite de dados do servidor;

- sistemas web ou aplicações web nativas – o usuário não percebe que está na web, o *browser* é a interface e é o sistema. Por exemplo, o Chrome OS é um sistema operacional completo, construído apenas com tecnologias web;
- PWA (*progressive web apps*) – os PWA são apontados como uma tendência para o futuro, pois usam tecnologias abertas e podem funcionar em qualquer plataforma ou dispositivo. Estes modelos híbridos originaram um novo conceito chamado de *progressive web app*, no qual, a partir de um URL simples, outras funcionalidades vão se agregando de maneira "progressiva", à medida que o usuário solicita novos serviços e recursos, sem ter de passar pelo processo de *download* e instalação. Uma grande vantagem é a indexação dos URLs pelos mecanismos de busca, o que não ocorre dentro de um aplicativo nativo. PWA é mais um exemplo de cultura da posse *versus* cultura do acesso: "eu não quero *ter* um aplicativo, eu quero *acessar* um produto ou serviço de maneira rápida e descomplicada".

Por mais que a velocidade média de acesso à internet via *smartphones* esteja aumentando, muitas das vezes ela não é suficiente para apps cada vez maiores. Como apresentado em outros capítulos, a maioria dos apps são pouco usados e muitos sequer são abertos uma única vez após instalados.

Logo, a saída mais adequada seria utilizar algo que já está instalado em todo o aparelho móvel, um navegador de internet. Se o que se busca é o engajamento do usuário ao seu conteúdo ou conversão direta, praticamente quase todo tipo de modelo de negócio poderia se realizar sem a utilização de um aplicativo nativo.

O PWA é a evolução natural do web app, deixando de lado suas desvantagens e adicionando recursos que o deixam muito mais próximos de um app nativo. Some a isso vantagens que só o PWA possui:

- indexável – por ser um *website* comum, ele é visível aos buscadores. Diferentemente dos apps nativos, seu conteúdo pode ser facilmente compartilhado e indexado, dando maior "encontrabilidade" (*discoverable*) a ele. Técnicas conhecidas de SEO/SEM podem ser utilizadas sem problemas e ainda amplificadas;
- "linkável" – apesar de ser uma característica básica dos primórdios da internet, o *hyperlink* foi esquecido nos apps nativos. Perdemos essa capacidade basal de ir de uma página/tela a outra, de guardar estados externamente (enviar um carrinho cheio de produtos a um amigo, por exemplo) ou mesmo o simples ato de guardar o item nos favoritos (URL);
- responsivo – como um bom *site* responsivo, a tela do PWA precisa se adaptar ao formato da tela do dispositivo, assim como a seus elementos (botões, imagens etc.). Uma vantagem interessante do PWA é que ele roda em tela cheia (sem as barras superiores ou inferiores do navegador), ganhando um espaço precioso e dando mais imersão ao usuário e a sensação de um app nativo (onde todos os controles, como avançar e voltar) podem ser criados pelo arquiteto da informação;
- *off-line* – um web app progressivo, assim como apps nativos, tem a capacidade de rodar sem conectividade, desde que desenvolvido com esse recurso em mente. É possível armazenar dados, imagens e afins diretamente no telefone do usuário. Em um próximo acesso sem conectividade à mesma área, o PWA funcionará sem problemas (apesar de sem conexão);
- uso constante – é possível se valer das famosas *push notifications*, como em um app nativo, de maneira a motivar seu usuário constantemente a encontrar novos conteúdos e novidades no seu app.
- atualizado – uma grande vantagem dos PWAs é sua facilidade de atualização, já que funciona como uma página web. Não é preciso que o usuário faça nada para recebê-las. Já nos apps

nativos, por vezes o usuário precisa autorizar a atualização ou mesmo ter uma conexão mais larga para tal;

- seguro – é possível criptografar os dados armazenados no aparelho e se utilizar de conexão segura (HTTPS) para o tráfego dos dados, tornando-se uma opção viável às aplicações que necessitam desse recurso;
- pronto para uso: uma das maiores facilidades para os usuários no uso do PWA é a facilidade de instalação. Durante a navegação no *site* móvel é possível exibir um *banner* convidando o usuário a instalar o PWA, com a vantagem de que ele não será redirecionado à loja de apps nem precisará digitar após incluir um ícone no dispositivo, simulando integralmente a experiência de um app nativo;
- arquitetura – um time web experiente pode criar um PWA sem maiores problemas, com um só orçamento (independentemente de plataforma), metas, testes etc. Não é necessário ter especialistas por plataforma. Veja, por exemplo, o quadro 2.

Quadro 2

Comparativo para a produção de apps

	App nativo	***Progressive* web app**
Custo de desenvolvimento	$$$$$	$$
Complexidade de alterações	Médio	Fácil
Facilidade na instalação	Fácil	Ultrafácil
Off-line	Sim	Sim
Indexável	Não	Sim
"Linkável"	Sim, com restrições	Sim
Teste A/B facilitado	Não	Sim
Restrição de conteúdo ou modelo de negócio	Sim	Não
Qualquer OS	Sim	Ainda restrito
Quantidade de instalações	1x	4x
Custo aquisição	Alto	Baixo
Recursos e hardware	Total	Pleno

Os PWAs já criados provam que mantêm um ótimo custo/benefício, têm alto índice de engajamento e muitas vantagens, se comparados com os apps nativos. Vale ressaltar que uma ponderação grande de muitos estudiosos e pesquisas de mercado é: "Por que um usuário instala um aplicativo?". Muitas vezes, a versão do *site* mobile tem exatamente os mesmos recursos e conteúdo do aplicativo móvel, tornando a versão app desnecessária.

Nessa comparação do quadro 2, se olharmos só o primeiro item, custo baixo do desenvolvimento, um PWA já leva vantagem. Além disso, há a facilidade de instalação, o fato de ser indexável e "linkável", permitindo, por exemplo, acesso a conteúdos proibidos, como erótico, ou a regras de negócio (divisão de receitas/comissão) sobre conteúdos *in-app* e assinaturas sem ser obrigado a depender do ecossistema dos grandes *players* e donos das lojas (Apple e Google).

Obviamente, os apps nativos ainda possuem vantagens para aplicações de alto desempenho, tais como jogos, processamento de imagens e edição de vídeos. Nesses casos, o acesso total aos recursos de hardware pode se fazer necessário, como controle da CPU, memória, e renderização de tela.

Vantagens dos PWAs

- facilidade no desenvolvimento e manutenção;
- fugir do comissionamento e restrições das lojas de apps;
- estratégias de SEO/SEM a seu favor;
- maior facilidade na instalação.

Desvantagens:

- nem todos os navegadores suportam o PWA, por exemplo, o Safari, da Apple;
- alguns recursos de hardware do aparelho podem ser limitados;

O PWA ainda está no início de sua evolução, mas já está mudando a forma de pensar na experiência do usuário e no desenvolvimento para dispositivos móveis. Muitas empresas já estão dedicando esforços e repensando suas estratégias móveis.

Vale lembrar que PWAs não são apenas *sites* responsivos. *Sites* responsivos não possuem os recursos avançados citados anteriormente.

A seguir, nas figuras 12 e 13, alguns exemplos de destaque no uso de PWA.

Ali Express

Figura 12
Interface do PWA da Ali Express

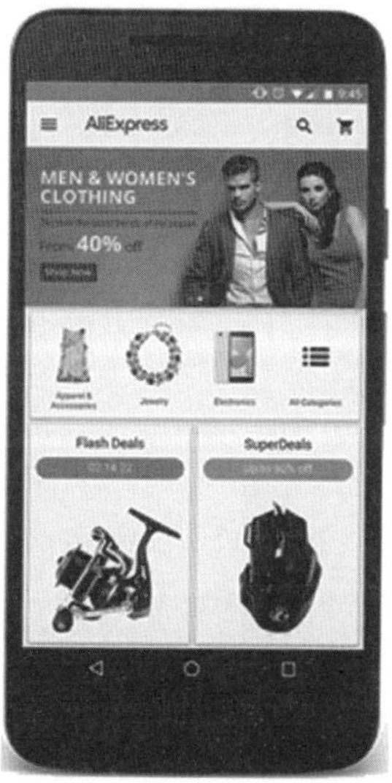

Fonte: <www.aliexpress.com>. Acesso em: 5 nov. 2017.

- 104% de novos usuários de todos os *browsers*, 82% na taxa do iOS;

- duas vezes mais páginas visitadas por sessão;
- 74% de aumento do tempo despendido por sessão em todos os navegadores.

OLX (Índia)

Figura 13
Interface do PWA do aplicativo OLX (Índia)

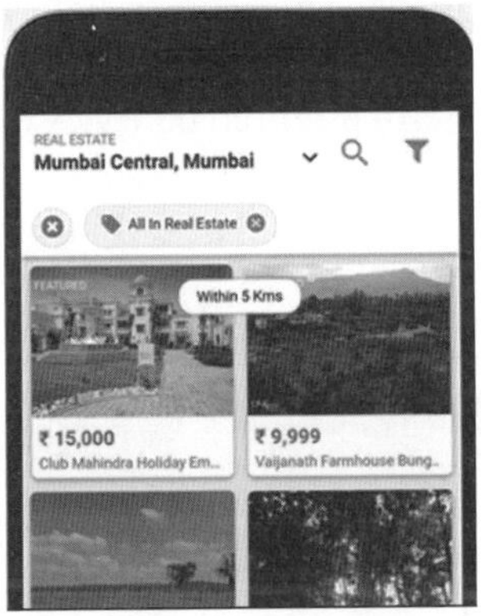

Fonte: <https://developers.google.com/web/showcase/2017/olx>. Acesso em: 10 nov. 2017.

- aumento de 250% de engajamento com PWA;
- 23% menos tempo até a página ser interativa;
- 80% menos taxas de rejeição;
- CTR (*click through rate*) 146% superior em anúncios;
- 250% mais reengajamento dos usuários.

Amarjit Batra, CEO da OLX Índia afirma que:

Em 2016, reinventamos a experiência móvel dos classificados com o lançamento da nova aplicação OLX e da sua PWA. Construindo uma nova plataforma, alavancamos a tecnologia inovadora e a compreensão profunda do consumidor para implementar mudanças

> de produtos melhorados e voltados para o futuro, que tornam os classificados on-line mais seguros, mais simples e sociais. Com o celular sendo a primeira tela na internet para milhões de usuários na Índia, queríamos garantir que não só os usuários experientes em aplicativos, mas todas as pessoas confortáveis em usar sites móveis, pudessem sentir a mesma experiência ao usar o OLX. A versão PWA se sente como um aplicativo natural no dispositivo, com uma experiência de usuário imersiva [extraído em tradução livre de vídeo do Youtube: <https://youtube.com/watch?V=BpEbUDbw8nk>.

A figura 14 mostra um exemplo de PWA no aplicativo da revista *Forbes*.

Figura 14
Interface do PWA da *Forbes*

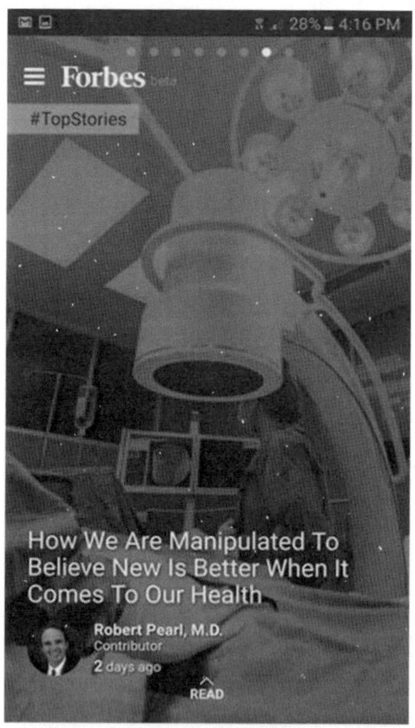

Fonte: <https://developers.google.com/web/showcase/2017/forbes>. Acesso em: 10 nov. 2017.

- 43% de incremento nas sessões de acesso do usuário e 20% na visualização de anúncios segundo o vídeo do portal *Forbes* (2017).

Redes 2G, 3G, 4G e 5G

A telefonia móvel eliminou um complexo sistema de fios, cabos e de centrais telefônicas, trazendo a possibilidade de uma comunicação ubíqua. Um sistema criado primordialmente para transmissão de voz evoluiu para uma rede de dados computacionais interligados, agregando funcionalidades e serviços.

As tecnologias dos sistemas celulares foram se aprimorando. O que antes era apenas um telefone móvel, hoje agrega inúmeras funções, tornando-se responsáveis pela inclusão digital de milhões de pessoas em todo o mundo.

Sua evolução tecnológica é acompanhada por mudanças comportamentais e mercadológicas que impactam diretamente o relacionamento entre pessoas e empresas.

Nos anos 1980, surge a primeira geração de redes de comunicação móveis, hoje chamada de 1G. Era totalmente analógica, o que acarretava interferências no sinal e pouquíssima segurança, pois sua frequência podia ser facilmente sintonizada por outros dispositivos ou centrais de comunicação.

Com o surgimento do padrão digital nos anos 1990, chamado 2G, o sinal pôde ser codificado e o formato de dados permitia a troca de mensagens também em modo texto – o SMS (*short message service*). No final dos anos 1990, a rede GPRS (*general packet radio service* ou serviço de rádio de pacote geral) permitia a transmissão simultânea de voz e dados, e foi responsável pelo início da "era da internet" no celular. Hoje, junto com tecnologia EDGE (muito popular ainda em zonas rurais) é chamada de 2,5G, pois serviu de transição para o 3G, que surgiria a partir de 2001.

A tecnologia 3G foi um divisor de águas. Com ela começamos a ter experiências mais ricas e consistentes na internet, abrindo as portas para inúmeros serviços como acesso à web, *downloads*, jogos, vídeos e VoIP (voz sobre protocolo de internet), uma tecnologia que permite a transmissão de voz pela internet, transformando o áudio analógico em dados digitais que podem ser transmitidos pela internet, dando origem a diversos serviços, hoje essenciais, como Skype, Facebook Messenger e WhatsApp.

A partir de 2010, começamos a entrar na era 4G, em que dois padrões brigam pela hegemonia do mercado: WIMAX e o LTE (*long term evolution*), sendo este último o padrão predominante no Brasil, oferecido por todas as operadoras. A tecnologia LTE é uma evolução do formato *high-speed packet access* (HSPA) das redes 3G.

Repare que quando nos conectamos a uma rede 3G, geralmente temos a indicação H ou H+ na tela do dispositivo.

Com a tecnologia 4G, é possível ter velocidades de conexão próximas às de uma rede de internet fixa, abrindo as portas para um universo de novas possibilidades comunicacionais.

Dois parâmetros são importantes para entendermos as vantagens da tecnologia 4G sobre as anteriores: taxa de transferência de dados, que é medida em *bits* por segundo (bps) e largura de banda (*bandwidth*), medida em Hz. *Bandwidth* é a capacidade de transmissão dos dados dentro de uma conexão, larguras de banda maiores teoricamente são acompanhadas de velocidades maiores de transferência de dados.

Para efeitos didáticos, neste livro vamos considerar sempre que quanto maior o número de bps, maior é a largura de banda da conexão, mas há exceções cuja explicação foge do escopo desta obra. Veja o quadro 3.

Quadro 3
Velocidade de conexão 3G e 4G

	3G	4G
Velocidade máxima	7 Mbps	100 Mbps
Velocidade média	1 Mbps	12 Mbps

Fonte: Open Signal. Disponível em: <https://opensignal.com>. Acesso em: 25 nov. 2017.

Outro parâmetro importante não é relativo à performance, mas sim ao alcance; trata-se da chamada área de cobertura, que corresponde à área geográfica abrangida pelo sinal de uma estação transmissora. As tabelas 3 e 4 mostram a cobertura 4G em março de 2017, no Brasil, com dados fornecidos pelo portal Teleco, a principal referência brasileira no segmento de telecomunicações.

Os dados referem-se aos municípios cobertos com tecnologia 4G no Brasil, por operadora.

Tabela 3
Cobertura 4G por número de municípios

Operadora	2015	2016	Fev. 2017	Mar. 2017
TIM	411	1.255	1.291	1.291
Claro	187	598	805	851
Vivo	183	516	569	820
Oi	147	284	284	284
Nextel	10	10	10	10
Algar	-	2	2	2
Total	469	1.526	1.691	1.814

Fonte: Teleco. Disponível em: <www.teleco.com.br>. Acesso em: 25 nov. 2017.

Dados da população coberta com tecnologia 4G no Brasil, por operadora:

Tabela 4
Cobertura 4G por operadora

Operadora	2015	2016	Fev. 2017	Mar. 2017
TIM	51,5%	66,6%	67,0%	67,0%
Claro	48,0%	59,6%	63,6%	64,5%
Vivo	46,6%	60,2%	60,9%	64,5%
Oi	45,7%	55,1%	55,1%	55,1%
Nextel	5,1%	5,1%	5,1%	5,1%
Algar	-	0,4%	0,4%	0,4%
Total	55,0%	71,3%	74,1%	75,7%

Fonte: Teleco. Disponível em: <www.teleco.com.br>. Acesso em: 25 nov. 2017.
Obs.: para dados atualizados, consulte o *site* da Teleco.

Segundo Juarez Quadros, presidente da Anatel, os primeiros leilões para a operação da tecnologia 5G no Brasil devem acontecer a partir de 2020. A tecnologia 5G ainda está em fase de teste e de regulamentação pela ITU (2017), a agência especializada das Nações Unidas na área de tecnologia da informação e comunicação, que definiu que a velocidade mínima de conexão será em torno de 20 Gbps e poderá suportar até 1 milhão de dispositivos conectados por quilômetro de acordo com o Draft New Report ITU-R M.[IMT-2020.TECH PERF REQ].

Redes wi-fi

A conexão via *wi-fi*, também chamada de *wireless* é uma tecnologia de conexão sem fio normalmente transmitida por frequência de rádio, capaz de cobrir uma área de até 300 metros em ambientes abertos.

É uma marca registrada pela Wi-Fi Alliance®, uma organização que conta com a colaboração de empresas do mundo todo para assegurar a "interoperabilidade" dos padrões envolvidos na tecnologia IEEE 802.1, o nome oficial do *wi-fi*.

O sinal *wi-fi* é transmitido por um aparelho chamado roteador, que recebe um sinal de internet, decodifica-o e o emite por uma antena. Esse sinal pode ser recebido pelos dispositivos que se encontram dentro da área de alcance do roteador, conhecida como *hotspot*.

Por atuar em faixas de frequência que não exigem licença, seu uso é livre desde que os aparelhos envolvidos sejam homologados pela Agência Nacional de Telecomunicações (Anatel), o que permite a criação de redes locais de baixo custo (*local area network* – LAN).

As tecnologias *wi-fi* podem ser ferramentas de marketing para todos os tipos de empresas e negócios, pois permitem levar, de forma segura, flexível, paga ou gratuita, uma conexão de internet para seus clientes e usuários.

É possível personalizar o acesso de clientes e consumidores a uma rede *wi-fi* para que eles tenham um serviço com regras claras de privacidade e uma boa experiência de uso; em contrapartida, a marca recebe dados sobre hábitos de consumo e outras métricas.

A seguir, no quadro 4, um possível modelo de negócio, utilizado, por exemplo, pela empresa WI-FI Max.

Quadro 4

Modelos de acesso a *wi-fi*

Usuário	Empresa	Dados e métricas
Realiza o cadastro, necessário apenas no primeiro acesso.	Pode oferecer campanhas com vídeos, *banners*, SMS, *push notifications* e *e-mail* marketing.	Número de usuários, impressões, conexões, tráfego, localização, tipo de autenticação.
É autenticado como cliente ou visitante, via *e-mail*, social *login*, CPF, passaporte, *voucher* e outros.	Pode configurar as políticas de uso, gratuidade, método de autenticação, tempo e velocidade de acesso.	Integração com *Analytics* e BI do negócio.

Fonte: Wi-Fi Max. Disponível em: <www.wifimax.com.br>. Acesso em: 25 nov. 2017.

Veja, na figura 15, um autenticador via voucher, utilizado pela empresa WI FI Max.

Figura 15

WI-FI Max: autenticação via *voucher*

Fonte: WI FI Max. Disponível em: <www.wifimax.com.br>. Acesso em: 25 nov. 2017.

Conexões *wi-fi* também fazem parte de inúmeros projetos de inclusão e cidadania, levando internet de forma gratuita para espaços públicos, praças, escolas, museus e parques. Um exemplo de destaque é o programa WiFi Livre SP, mostrado na figura 16, que permite a todo cidadão o uso da rede a uma velocidade de 512 Kbps por usuário.

Figura 16

Wi-fi SP

Fonte: foto de Fabio Arantes (Secretaria de Comunicação da Prefeitura de São Paulo). Disponível em: <www.prefeitura.sp.gov.br/cidade/secretarias/inovacao/inclusao_digital/index.php?p=152219>. Acesso em: dez. 2018.

Serviços de SMS

SMS significa em inglês, *short message service* ou serviço de mensagens curtas. Inicialmente, suportava até 160 caracteres. A primeira mensagem foi enviada em dezembro de 1992 pela operadora Vodafone, e a mensagem foi "*Merry Christimas*" (Feliz Natal). Foi o substituto perfeito para os *pagers*, muito usados até meados dos anos 1990. Como no Brasil nunca foi barato realizar ligação de voz, muitos utilizavam a tecnologia como um apoio nas comunicações.

Uma das vantagens mais interessantes desse tipo de comunicação é que, por mais que estejamos habituados à comunicação síncrona (em tempo real), quando usamos o SMS não temos a obrigatoriedade da participação simultânea, ou seja, você pode enviar uma mensagem e a outra pessoa não precisa estar em "linha", disponível naquele momento.

Outra característica interessante é que, mesmo que você esteja sem sinal de voz ou dados, dependendo da tecnologia móvel, o SMS pode operar normalmente, sendo ideal para comunicações de emergência.

Diversos modelos de negócio foram criados, sendo os principais deles:

- canais de texto;
- usuário recebe em um ciclo pré-acordado;
- SAC;
- *quiz*;
- *games*;
- promoção;
- votação;
- *c-logs*;
- cobranças;
- *links* promocionais.

A loja Morena Rosa fez uso de SMS para ampliar a divulgação de produtos e promoções, como mostrado na figura 17.

Figura 17
Promoção SMS da loja Morena Rosa

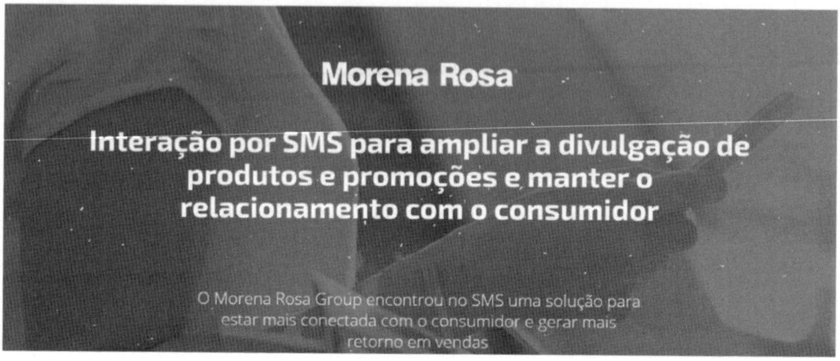

Fonte: Zenvia. Disponível em: <https://zenvia.com>. Acesso em: 10 nov. 2017.

Para Larissa Soares, da área de *trade* marketing do Morena Rosa Group, uma das razões para terem adotado o uso de SMS em suas ações de marketing foi que

> mesmo já enviando e-mail com promoções e divulgações para nossas clientes, não surte tanto efeito porque não são todas que veem. Já com o SMS, a leitura é praticamente instantânea, e são raras as pessoas que não abrem um SMS [Zenvia, s.d.].

Mensageria instantânea

Com a oferta de rede de dados (GSM) mais abundante e disponível, somada ao advento dos *smartphones* com maior capacidade de processamento, foi inevitável o surgimento de centenas de aplicativos de *chat* pelo mundo. Do chinês Wechat ao americano WhatsApp e o europeu Viber, todos querem participar.

No início, a luta era pela base de usuários, porém vários serviços adicionais acabaram mudando a regra do jogo do setor de telecomunicações. Imagens, vídeos, recados e áudio acabam sobrecarregando as redes de dados de telefonia. Porém, a maior parte das operadoras obtinha seu lucro nas chamadas por voz. As receitas decorrentes do setor de VAS (*value-add-service*) não cresciam na mesma proporção, forçando as operadoras a serem mais provedores de internet do que de telefonia.

A partir do momento em que os usuários entenderam que o plano de dados era mais barato do que minutos de voz e ainda poderiam usá-lo ora síncrono (chamada de voz), ora assíncrono (mensagens de texto e recados de voz), migraram em massa. Muitos usuários no Brasil, por exemplo, passaram a evitar ligar e usar serviços completos pelo custo apenas do plano de dados, quando não usavam o *wi-fi* de terceiros.

Similares ao SMS, os serviços de mensageria instantânea preconizam a comunicação assíncrona. Por outro lado, permitem o uso de uma série de recursos extras, como envio facilitado de conteúdos anexos multimídia.

O mercado logo voltou a atenção para esse novo canal; afinal, é necessário estar onde os usuários se encontram. Empresas de todo o mundo procuraram entender como poderiam interagir e engajar ainda mais seus clientes. O primeiro movimento foi copiar os modelos de negócios do SMS tais como alertas, *games* etc. Porém era mais do mesmo. A nova ideia era tentar descobrir os desejos dos clientes, influenciar no processo de compra e até mesmo realizar o *checkout* dentro de uma conversa.

Figura 18
Promoção, via WhatsApp, da Obba! Saladaria Delivery

Fonte: Obba! Disponível em: <www.obbasaudavel.com.br>. Acesso em: 12 nov., 2017.

Diferente do modelo que conheceram em Nova York, a proposta dos empresários foi fazer um serviço de *delivery* baseado em pedidos realizados pelo aplicativo WhatsApp. Logo no primeiro dia, eles conseguiram vender 60 saladas, a um tíquete médio de R$ 16. Em duas semanas, foi preciso contratar entregadores para suprir a alta demanda, o que surpreendeu os próprios empresários [Estadão PME, 2017]

Chatbots

O termo *bot* deriva da supressão/abreviação da palavra *robot* em inglês (robô). Apesar de o termo remeter a robôs, nada mais são do que "máquinas" capazes de executar rotinas e tarefas de forma autônoma. No mundo do marketing digital, a melhor definição seria de que *bots* ou *chatbots* são programas de computador que executam serviços ou rotinas dentro de aplicações de mensagens, interagindo com conversas, com ou sem inteligência artificial.

Em 2016, empresas como Microsoft, Google, Apple, Amazon e Facebook já disponibilizaram plataformas para desenvolvedores criarem seus próprios *bots* para o mercado, não sendo necessário realizar grandes investimentos. Respectivamente, os serviços são Skype Bot, Allo, iMessage, Amazon Lex e Facebook Messenger.

Hoje é possível interagir com cada cliente de maneira personalizada. Seja num formulário de contato ou mesmo numa venda, como se um atendente humano estivesse conversando com você.

Alguns analistas alertam para o fim dos aplicativos, alegando que muitos dos modelos de negócio digitais e interações podem ser substituídos por *bots* dentro dos serviços de mensagem instantânea. A justificativa é que, baseados no número médio de aberturas de um aplicativo ou mesmo sua manutenção na memória (espaço ocupado) dos aparelhos que de fato os clientes fazem, por que manter dezenas de aplicativos para usos eventuais? Às vezes, só queremos uma segunda via de conta, e não utilizar todos os serviços de uma concessionária. Guardar mais um *login* e uma senha pode ser desgastante.

Uma outra vantagem é que um *bot* pode até sair mais barato que um aplicativo e ainda tem a capacidade nativa de se integrar com sistemas já existentes.

Usando o processo natural da conversa, é possível criar novos serviços, com uma forma de interação de via dupla. As aplicações de mensagem são o meio (canal de comunicação) onde a mensagem (objetivo da comunicação) é constituída por interações do emissor e receptor. Algo já plenamente conhecido pela teoria da comunicação.

Sendo assim, podemos diariamente criar novas maneiras de interagir com os serviços de que gostamos, não mais pelos tradicionais apps de cada empresa, e sim por um que já tenhamos instalado em nossos aparelhos e usando uma linguagem natural ou nos valendo da interface e dos elementos do serviço de mensageria preferido.

Como funciona?

Apesar de ser um dos exemplos mais célebres e ser uma possibilidade válida para alguns casos, nem sempre eles precisam vir carregados de uma inteligência artificial. Os *bots* podem ser divididos em dois tipos:

- estruturados – os que se utilizam, na maior parte, de elementos nativos (*widgets*) do serviço de mensagem adotado para interagir com usuário, sem custos extras de interface/*design*, como caixas de seleção, carrossel de imagens, compartilhamento de localização etc. São perguntas e respostas fechadas, dando pouco espaço à interação em um fluxo pré-preparado;
- não estruturados – é possível interagir na forma de linguagem natural, como se estivesse conversando com outro ser humano. É necessário um processador semântico, que lide com linguagem natural e algum tipo de aplicação de inteligência artificial conectada ao *bot*. As conversas são abertas e livres para digitação, não sendo obrigatório o uso de *widgets* de navegação.

Qual é o ideal: estruturado ou não estruturado?

Um bom *bot* deve primar pela simplicidade, por um fluxo em que o usuário não se sinta preso e saiba qual é a próxima ação a tomar nessa conversa, facilitando a todo instante com *feedbacks* e formas de voltar a cada passo. Não importa a opção de estrutura utilizada, podendo até ser mesclada: ora estruturada, ora não.

Fugindo um pouco dos *bots* mais óbvios de substituição de atendimento eletrônico de SAC, alguns *cases* apresentam criatividade e um ponto de inflexão em que alguns apps talvez não sejam mais um canal exclusivo. Alguns exemplos:

- Uber – lançado em dezembro de 2015, o Uber está sempre à procura de novas formas de conectar as pessoas com um transporte seguro e confiável, e agora sem a necessidade de baixar um aplicativo, com a facilidade de uma conversa. É possível, inclusive, compartilhar sua localização, tudo isso direto pelo Facebook Messenger, como mostrado na figura 19.

Figura 19
Uber Chatbot

Fonte: <https://developer.uber.com/solutions/messages>. Acesso em: 12 nov. 2017.

- Talk7 – a ideia da empresa ELO7, proprietária de um *marketplace* de produtos de decoração e utilidades, era centralizar, em um só lugar, as vendas originadas em redes sociais que possuem serviços de mensageria. Diferentemente de outros *bots*, nesse caso é necessário baixar um app à parte. A novidade fica na estrutura de navegação, que é típica de *bots*: textos livres com uso de *widgets*, criando maior engajamento e uma conversa fluida. Possibilita também a concretização de vendas de maneira direta, incluindo pagamento, por exemplo, na tela aplicativo da loja Elo7, apresentada na figura 20.

Figura 20
Elo7

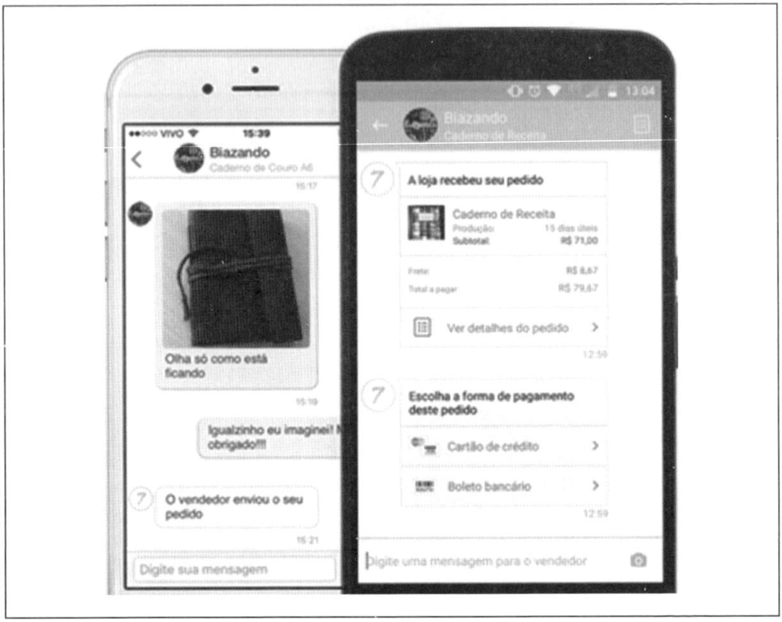

Fonte: <www.elo7.com.br> Acesso em: 12 nov. 2017.

- Zak – Superplayer – a marca é um *player* de música nacional, concorrente de *players* como Spotify e Deezer, e foi uma das pioneiras na criação de *bots* no Brasil; foi lançada em 2015. Como a empresa trabalha muito com *playlists* temáticas, é só pedir uma música ao Zak (nome do *bot*), que ele virá com sugestões para atividades específicas (exercício, relaxamento, trânsito) ou pode-se mesmo pedir um artista ou gênero musical conforme mostra a figura 21.

Figura 21
Superplayer

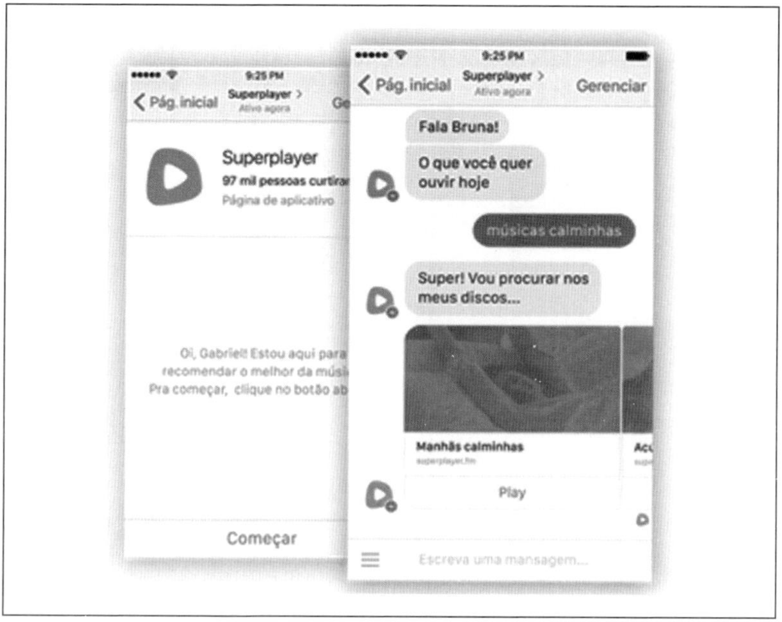

Fonte: <www.superplayer.com.br> Acesso em: 15 nov. 2017.

- Love.Trip (Gol/KLM) – a empresa aérea Gol, com sua parceira KLM, resolveu criar uma promoção com um *bot game* (primeiro no mundo) em que o usuário conversa com o personagem, de maneira a ajudá-lo a encontrar uma garota que conheceu numa festa. A ideia foi inspirada no clássico *game* dos anos 1980 *Where in the world is Carmen Sandiego*? O *bot* foi criado como um *gameplay* em que o usuário deveria percorrer diversas cidades, como São Paulo, Londres, Lisboa e Amsterdã em busca de pistas, que podiam ser imagens, áudios e vídeos. Toda a promoção se deu pelo Facebook Messenger. Veja a figura 22.

Figura 22
I love trip, *chatbot* da Gol/KLM

Fonte: <www.ilovetrip.com.br>. Acesso em: 12 nov. 2017.

Os *bots*, sem dúvida, ainda passarão por grande amadurecimento no mercado. Muitas marcas e empresas de tecnologia apostam nesse futuro de mãos dadas com a inteligência artificial. Mesmo com tecnologias mais simples (*bots* estruturados), é possível criar assistentes úteis a muitos usuários, nos quais certamente a maior parte das empresas apostará.

Pensar em um propósito para um *bot* em seu público e especializá-lo em algo único para esse assistente será o diferencial.

Bluetooth

É uma tecnologia que permite a comunicação de dados por meio de ondas UHF, uma faixa de frequências de rádio entre 300 MHz e 3 GHz, utilizada também para transmitir sinais de televisão e dispositivos *wireless* (sem fio). No caso das tecnologias *bluetooth*, essa transmissão ocorre em redes de pequenas distâncias conhecidas como PAN (*personal area network*).

Foi criada pela empresa Ericsson em meados dos anos 1990 e, atualmente, é administrada pelo Bluetooth Special Interest Group <www.bluetooth.com>, que agrega mais de 30 mil empresas das áreas de tecnologia da informação e telecomunicações ao redor do mundo.

Funciona com pequeno *chip* dotado de um rádio *bluetooth* que permite conectar os mais variados dispositivos computacionais, como computadores, *smartphones*, fones de ouvido, relógios ou qualquer outro objeto que esteja emparelhado, nome dado ao momento em que os dispositivos se conectam na rede.

As várias versões da tecnologia *bluetooth* permitem diferentes velocidades e alcance. Hoje, o mercado se encaminha para a versão 5.0, que, a partir de 2017, começou a entregar dispositivos como o Samsung Galaxy S8 e Sony Xperia ZX Premium. Veja o quadro 5.

Quadro 5

Tipos de *bluetooth*

Versão do *bluetooth*	Velocidade	Alcance
3.0	25 Mbit/s	10 metros
4.0	25 Mbit/s	60 metros
5	50 Mbit/s	240 metros

Fonte: Major HiFi. Disponível em: <http://majorhifi.com>. Acesso em: 25 nov. 2017.

A tecnologia *bluetooth* é também muito usada em redes *ad hoc*, um termo em latim que significa "para isso", ou seja, uma rede criada especificamente para viabilizar uma determinada tarefa e que pode ser facilmente configurada por meio de um *smartphone* ou de um dispositivo computacional conectado.

As redes *ad hoc* são uma conexão temporária entre dispositivos utilizados para um determinado fim, como compartilhar documentos, criar redes *peer-to-peer* (P2P) e jogar *online*, sem depender de outras redes.

Entre as inúmeras áreas e segmentos de mercado que hoje utilizam a tecnologia *bluetooth*, podemos citar:

- *smartphones*;
- periféricos de computadores;
- *wearables*;
- esporte e *fitness*;
- varejo;
- indústria automobilística;
- automação doméstica;
- saúde.

Dentro desses mercados, podemos apontar algumas aplicações *bluetooth* práticas:

- troca de mensagens (pessoais ou publicitárias) e dados entre dispositivos;
- fone de ouvido e viva-voz conectados ao *smartphone*;
- sistema de som automotivo controlado pelo *smartphone*;
- comunicação sem fio com dispositivos auxiliares de um computador, como *mouse*, teclado e impressora;
- comunicação entre controles (*joysticks*) e os consoles de jogos.

Beacon

São denominados *beacons* dispositivos que utilizam a tecnologia *bluetooth* 4.0 de baixo consumo de energia, conhecidos como *bluetooth* LE, *bluetooth* ou simplesmente BLE.

Cabe observar que a Apple chama seus dispositivos com *bluetooth* 4.0 de iBeacon. Não se trata de outra tecnologia, mas apenas do nome comercial empregado pela marca.

Os *beacons* são chamados também de *indoor proximity system*, ou seja, "sistema de proximidade em ambientes fechados", pois permitem identificar e localizar objetos com extrema precisão em ambientes fechados. *Beacons* em si detectam sua localização e, ao identificar sua proximidade, conseguem triangular esses dados com informações de GPS, georreferenciamento e de redes *wi-fi*.

Essa precisão, aliada ao baixo consumo de energia, revigorou o uso da tecnologia *bluetooth* no varejo, eventos, prédios corporativos e educacionais ou em qualquer ambiente por onde circulam pessoas com seus *smartphones* e dispositivos conectados, fazendo a conexão entre o mundo físico e o digital (*phygital*).

Os dois principais tipos de experiências possíveis para uma rede em que os *beacons* atuam são:

- registro de dados – informação de que um determinado dispositivo X se aproximou de um determinado *beacon* Y;
- interação de dados – envio de algumas notificações, ativar um aplicativo específico, ligar/desligar algum dispositivo.

Toda a inteligência e segurança do sistema estão no aplicativo do dispositivo do usuário, e graças a elas é possível, por exemplo, identificar o momento em que um cliente consumidor entra na loja e qual é seu deslocamento dentro do ambiente. Veja a figura 23.

Figura 23

Beacons da Estimote e o respectivo aplicativo de controle

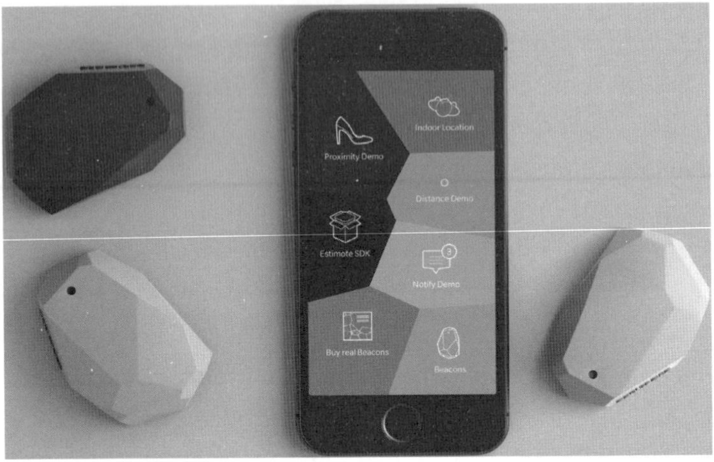

Fonte: Estimote. Dsponível em: <http://estimote.com>. Acesso em: 25 nov. 2017.

RFID

RFID (*radio-frequency identification* ou, em português, identificação por frequência de rádio) é a denominação dada a tecnologias que usam a frequência de rádio para leitura de dados. Seu uso mais comum é para a identificação de objetos, armazenando um número de série ou classificação a eles correspondente.

A tecnologia RFID opera na frequência de 13.56 Mhz e tem, em média, um raio de alcance de até de 100 metros. Seus principais componentes são apresentados na figura 24.

Figura 24
RFID

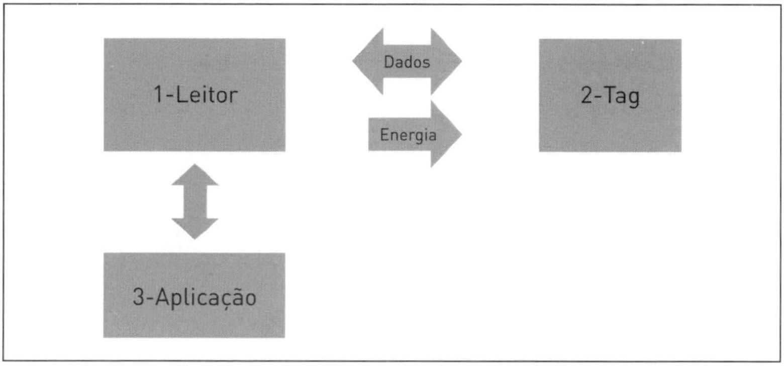

1) O leitor, ou a antena do rádio – Ativa o *tag* para trocar e enviar informações por um sinal de rádio. Os leitores podem usar uma interface que permita o envio dos dados para uma aplicação externa.
2) *Tag*, etiqueta ou transponder – Localizado no objeto a ser identificado, contém o *chip* que armazena os dados desse objeto. Pode ser ativo, quando alimentado por uma bateria interna, ou passivo, quando recebe a energia das ondas eletromagnéticas do leitor.
3) Aplicação – Um banco de dados, um sistema de gerenciamento, uma aplicação web, uma aplicação nativa em um dispositivo, um robô ou sistema de automação industrial.

Segundo o *RFID Journal Brasil* <http://brasil.rfidjournal.com>, as aplicações mais comuns em nosso país são os sistemas de pagamento (cobrança de pedágio, por exemplo), controle de acesso e controle de ativos. Cada vez mais, os setores de varejo, vestuário, aeronáutico, defesa, indústria, bens de consumo embalados e empresas farmacêuticas estão procurando usar RFID para rastrear mercadorias no interior de suas cadeias de fornecimento.

A identificação automática de objetos permite a rápida identificação e catalogação de itens. Além do RFID, podemos citar também códigos de barras, *tags* inteligentes, biometria e reconhecimento de caracteres. Nesse cenário, os dispositivos móveis conectados são terminais de inteligência que atuam nessa frente, proporcionando, de maneira rápida e eficiente, a viabilização dos processos.

Além de objetos, também plantas, animais e mesmo seres humanos podem portar ou ter implantados *chips* RFID. Veja um exemplo de RFID em um objeto (roupa) mostrado na figura 25 a seguir.

Figura 25

Etiqueta adesiva com RFID da empresa iTAG

Fonte: iTag. Disponível em: <https://site.itagtecnologia.com.br/produto/etiquetas-adesivas-2>. Acesso em: 25 nov. 2017.

NFC

O NFC é uma especificação do RFID que, tal como este, permite troca de dados entre dispositivos utilizando frequências de rádio, porém em distâncias muito pequenas, normalmente até 10 cm; daí o nome *near field communication*, ou seja, comunicação por campo de proximidade.

A característica de proximidade contribui para que as informações contidas em qualquer dispositivo que utilize essa tecnologia não possam ser acessadas por outros dispositivos que estejam além desse pequeno raio de alcance, conferindo maior segurança ao processo de comunicação.

Assim como RFID, o NFC atua na faixa de frequência 13.56 MHz e pode transmitir dados em velocidades de até, aproximadamente, 400 kbps.

Os principais tipos de comunicação entre dispositivos com tecnologia NFC são:

- passiva – um dispositivo emite sinal, o outro apenas recebe, sendo que o segundo não necessita de energia elétrica (cartões, embalagens, cartazes);
- ativa – os dois dispositivos emitem sinal;
- leitura – um dispositivo NFC que permite apenas a leitura de dados, sem alterá-los;
- gravação – um dispositivo NFC que permite, além da leitura, a alteração de dados;
- ponto a ponto, P2P ou *peer-to-peer* – os dois dispositivos podem enviar e receber dados.

Esses tipos de comunicação permitem a construção de várias soluções envolvendo dispositivos e aplicativos móveis, como pagamentos, recarga de cartões de serviço e compartilhamento direto de arquivos entre dispositivos.

Em 2004, foi fundado, pela NXP Semiconductors, Sony e Nokia, o Near Field Communication Forum.

O quadro 6 apresenta um comparativo didático do NFC com outras tecnologias. Os valores são aproximados, pois dependem da versão de cada tecnologia, dos dispositivos onde elas atuam e da infraestrutura da rede à qual pertencem.

Quadro 6
Comparativo de tecnologias de conectividade

Tecnologia	Alcance	Comunicação	Possíveis aplicações
NFC	10 cm	Ativa e passiva	*Smartphones*, objetos inteligentes, cartões de acesso e pagamento.
Bluetooth	Entre 10 e 60 metros	Ativa	*Smartphones*, *tablets*, áudio, periféricos, *wearables*, PANs (*personal area networks*).
RFID	Até 100 metros	Ativa e passiva	Identificação, rastreamento, logística, varejo.
Wi-fi	Até 300 metros	Ativa	*Smartphones*, *tablets*, roteadores, IoT, *wearables*, LANs (*local area networks*).
3G / 4G / 5G	Vários quilômetros	Ativa	*Smartphones*, *tablets*, IoT, *wearables*, MANs (*metropolitan area networks*).

Um bom exemplo de uso de tecnologias NFC é o aplicativo Ponto Certo Bilhete Único, conforme mostrado na figura 26, que permite as seguintes operações:

- comprar créditos de bilhete único;
- recarregar em qualquer terminal;
- acompanhar pedidos;
- cadastrar e gerenciar favoritos;
- comprar créditos de celular pré-pago;
- consultar saldos do bilhete único;
- validar os créditos comprados na hora;
- validar vale-transporte;
- validar passe livre.

Figura 26
Tela do aplicativo Ponto Certo Bilhete Único

Fonte: Ponto Certo. Disponível em: <http://bilheteunico.redepontocerto.com.br> Acesso em: 25 nov. 2017.

QR code

QR *code* é um código visual em 2D, conforme mostrado na figura 27, criado pela empresa japonesa Denso-Wave em 1994. QR é a aglutinação em inglês das palavras *quick response*, ou resposta rápida, em português. Seus criadores queriam que a leitura das informações fosse decodificada em alta velocidade.

Figura 27
Exemplo de QR *code*

Ele funciona no mesmo princípio de um código de barras, por meio da variação de contraste e posição para representar a informação gravada. A maior vantagem é seu baixo custo de utilização, uma vez que qualquer impresso ou representação material pode conter o código, como no exemplo da figura 28.

Figura 28
QR *codes* representados em pedra, papel higiênico e areia de praia

Fonte: Designdb.com. Disponível em: <www.designdb.com/>. Acesso em: 25 nov. 2017.

Para a leitura do QR *code* é necessário, normalmente, dispor de uma câmera de celular ou similar e um software específico capaz de decodificar a informação. O interessante é que, como a informação está contida na imagem, é possível executar gatilhos (*triggers*) dependendo do software, já apontando para *sites* (URL), aplicativos (loja), contatos de agenda (direto), entre outros.

Para criar um QR *code* também é necessário um software próprio. No caso da figura 29, estamos usando o *site* QR Codify, que oferece o serviço da sua ferramenta gratuitamente.

Figura 29
Interface do *site* Codify

Fonte: Codify. Disponível em: <www.qrcodify.com>. Acesso em: 25 nov. 2017.

Vale ressaltar que o ideal para impressos é a qualidade de 300 DPIs (*dots per inch* ou, em português, pontos por polegada) e não se aconselha reduzir muito o tamanho do código ou distorcer, sob risco de não ser lido.

Com o advento da nova safra de câmeras de celular de alta definição, foi possível evoluir os códigos para uma mescla maior com o ambiente, disfarçando-os por exemplo, com imagens e logos, tornando-os mais interessantes para os pontos de venda – o QR *code* segunda geração, conforme pode ser visto na figura 30.

Figura 30
QR *code* com imagens

Por ser uma tecnologia barata, os QR *codes* se tornam excelentes ferramentas de marketing e publicidade, principalmente no mundo *off-line*, onde praticamente qualquer publicidade, parede ou embalagem pode contê-los sem alterar o custo de produção. Veja nos exemplos a seguir.

- McDonald's Japão – Como muitas vezes as caixas ou embalagens são diminutas, não era possível colocar toda a informação nutricional com letras legíveis, ou mesmo em sua completude. Para isso, a empresa resolveu colocar código de QR *code* nos papéis que envolviam os sanduíches, por exemplo.

Uma vez lido esse QR *code* o cliente é direcionado para um *site* web móvel com a informação referente ao produto, conforme mostrado na figura 31.

Figura 31

QR *code* em embalagem do McDonald's no Japão

Fonte: McDonald's. Disponível em: <http://mdq.jp>. Acesso em: 25 nov. 2017.

- Santa Casa de São Paulo – Doadores de sangue recebiam um panfleto durante a doação com as instruções para baixar um aplicativo de QR *code* e "ler" o código contido no seu esparadrapo. Esse QR *code* levava o usuário a um vídeo no Youtube (entre vários gravados) em que um parente agradecia a doação de sangue realizada e dizia como o doador estava ajudando um familiar seu, que necessitava de sangue. Ao final, ele era convidado a compartilhar o vídeo e convidar amigos a fazerem o mesmo, conforme mostrado na figura 32.

Figura 32
Campanha QR TKS, da Santa Casa de São Paulo

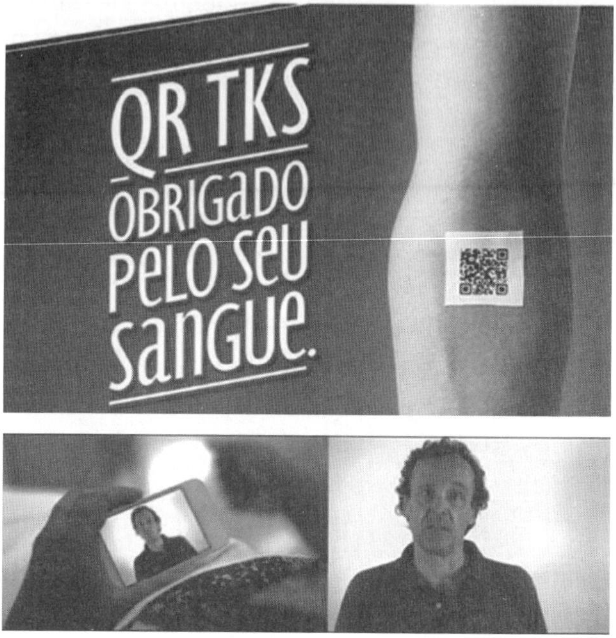

Fonte: Santa Casa. Disponível em: <https://youtu.be/w20vkqZQllY>. Acesso em: 25 nov. 2017.

QR é uma ótima ferramenta para ser utilizada em campanhas móveis, por seu baixo custo e fácil implementação. Pode ter vários usos, de promocional (cupons de desconto) a informacional (levar o usuário a uma URL específica).

Vantagens

- é possível gerar gratuitamente;
- fácil aplicação no mundo real;
- leitura fácil e rápida de qualquer código;
- pode-se utilizá-lo como gatilho para diversas ações.

Desvantagens

- no Brasil, os celulares não são vendidos com softwares de QR *code* embarcados;
- na maioria das vezes, é necessário ter conectividade para visualizar o conteúdo apontado pelo código;
- é necessária a instalação de um aplicativo específico para leitura;
- a comunicação tem de ser benfeita;
- o código tem de ter tamanho e contraste apropriados.

Realidade virtual

Criar novas realidades e universos é um desejo do homem há muito tempo, como se pode perceber na criação das histórias mais fantásticas de ficção científica. Ser transportado para outro mundo, controlar as paredes dos seus ambientes virtuais e viver outra realidade. Isso, hoje, já pode ser experimentado.

A realidade virtual ou, em inglês, *virtual reality* (VR) é um termo cunhado originalmente por Jaron Lainer (cientista da computação, nascido nos EUA em 1960). É um ambiente totalmente imersivo e interativo, que, mediante estímulos externos gerados por computador em tempo real, pode proporcionar uma experiência multissensorial e criar novos universos ou realidades paralelas, como exemplifica a figura 33.

Em meados dos anos 1950, militares e a indústria aérea criam os primeiros simuladores de voo para mimetizar o comportamento de uma aeronave real e algumas das suas reações instrumentais, para fins de treinamento, conforme mostrado na figura 34. Na época, não havia instalada nos simuladores qualquer tela que representasse as janelas das aeronaves.

Figura 33
Relação entre o real (R) e o virtual (C) tendo o computador como interface

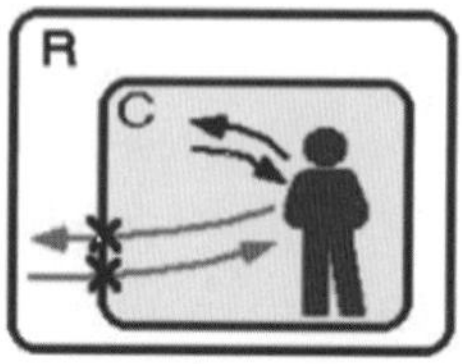

Realidade Virtual

Fonte: Rekimoto e Nagao (1995).

Figura 34
Simuladores de voo antigos

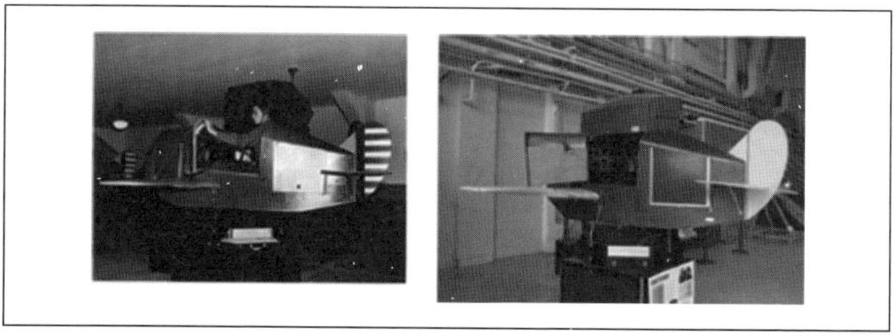

Fonte: Okraski (2013).

Saindo dos centros militares, já havia disponíveis, no final dos anos 1980, os primeiros capacetes e luvas que prometiam levar o usuário comum a esse novo mundo, sendo lançados pela VPL Research Inc. no varejo, como mostrado na figura 35.

Apesar de inovador para a época, o custo era proibitivo, e os computadores, nada portáteis, geravam imagens primitivas, pouco realistas, e sensações táteis extremamente limitadas e desinteressantes.

Somente nos últimos anos foi possível tornar razoavelmente convincente para a percepção humana a realidade virtual, utilizando dispositivos modernos de alto processamento e qualidade, alguns até sem fio (com o uso de *smartphones*).

Figura 35
Luva e óculos de realidade virtual

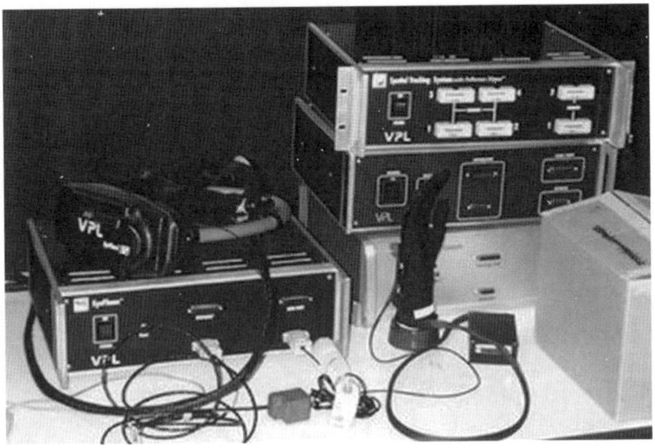

Fonte: <www.vrs.org.uk/virtual-reality-profiles/vpl-research.html>. Acesso em: 30 nov. 2017.

Como funciona?

Um dos desafios da realidade virtual é convencer o ser humano de que ele está em outro ambiente. Para isso, é necessário enganar o cérebro, aproveitando-se dos sensores orgânicos e criando, então, uma ilusão quase verdadeira.

O campo que estuda essa integração se chama interface homem-máquina (ou homem-computador) em que se pode adicionar, para cada sentido humano, uma interface eletrônica que servirá de meio para a interação com o ambiente simulado da realidade virtual. Veja a figura 36.

Normalmente, a visão é responsável pela maior parte da sensação de percepção, assim como a propriocepção (sensação da posição do corpo no espaço). Para se criar a sensação de pertencimento (presença) nesse novo ambiente simulado, é preciso que a percepção do indivíduo seja modificada por meio da tecnologia, gerando sensações artificiais proporcionalmente equivalentes, de modo que o usuário sinta como se estivesse realmente em um lugar onde não está.

Figura 36
Os cinco principais sentidos

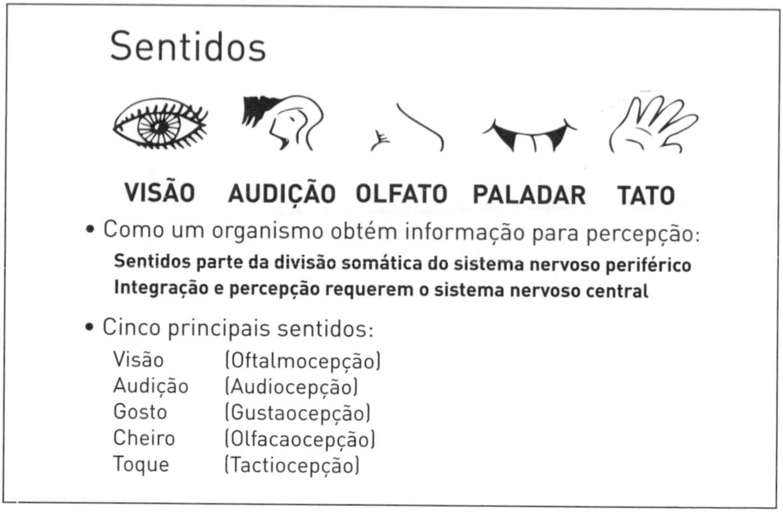

Disponível em: <www.slideshare.net/marknb00/comp-4010-lecture3-human-perception>. Acesso em: 30 nov. 2017.

Presença nada mais é do que um estado psicológico em que toda ou parte da experiência atual do indivíduo é gerada pela tecnologia sem que ele a perceba.

Para se conseguir essa sensação de imersão, são necessários ao menos três elementos-chave:

- visor estereoscópico;
- visor com largo campo de visualização;
- baixa latência da taxa de atualização de imagens a partir do movimento da cabeça.

Com esses três elementos combinados, é possível criar uma sensação convincente de "presença" e, para melhor convencimento, é necessário o uso de imagens realistas, normalmente geradas em 3D (três dimensões).

O visor estereoscópico permite a sobreposição de duas imagens levemente diferentes no ângulo de visão de maneira que o cérebro interprete a profundidade (3D) da mesma forma que enxergamos o mundo real, como mostrado na figura 37.

Figura 37
Pares estéreo

Disponível em: <www.slideshare.net/marknb00/comp-4010-lecture3-human-perception>. Acesso em: 30 nov. 2017.

A visão com largo campo e baixa latência da taxa de atualização de imagens normalmente é criada por meio de óculos especiais, com duas lentes independentes que possuam uma baixa latência de atualização de imagem, como mostrado na figura 38. Caso isso não ocorra, alguns indivíduos mais sensíveis podem ter enjoos. Felizmente, hoje pode ser alcançada com razoável facilidade por computadores de mesa/portáteis e até mesmo por celulares, que possuem grande poder de computação para criação dos ambientes virtuais mais complexos.

Figura 38
Óculos HTC

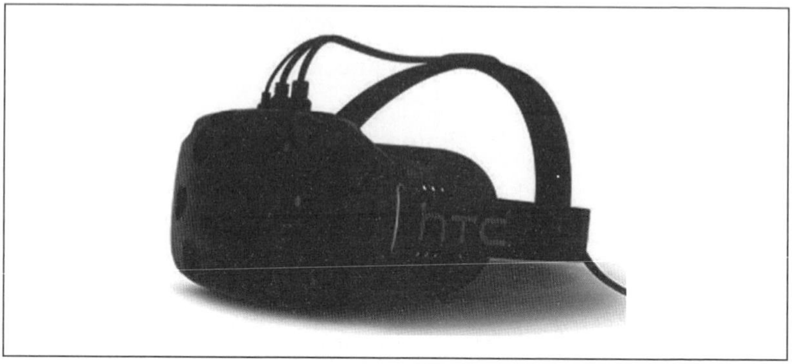

Disponível em: <www.htcvive.com>. Acesso em: 30 nov. 2017.

Recria-se a realidade com tudo que há nela: profundidade de campo de visão, refração luminosa, som ambiente direcional e movimento.

Experiências multissensoriais ou hiper-realidade

Já é possível combinar um ou mais dispositivos de interface, de modo a tornar a experiência mais rica e a percepção mais imersiva. A essa derivação, costuma se chamar de experiência multissensorial ou hiper-realidade. Algumas empresas já saíram na frente, de maneira a aplicá-la em ações de *branded content* ou mesmo entretenimento. Veja nos exemplos a seguir.

- The Void – uma das empresas pioneiras em hiper-realidade é a The Void, que possui um local totalmente construído em escala real para que seus participantes – com dispositivos de realidade virtual (luvas, coletes etc.), com sensores táteis e ferramentas diversas – possam vivenciar uma experiência completa de interação virtual como mostrado na figura 39.

Figura 39
Exemplo de realidade virtual imersiva

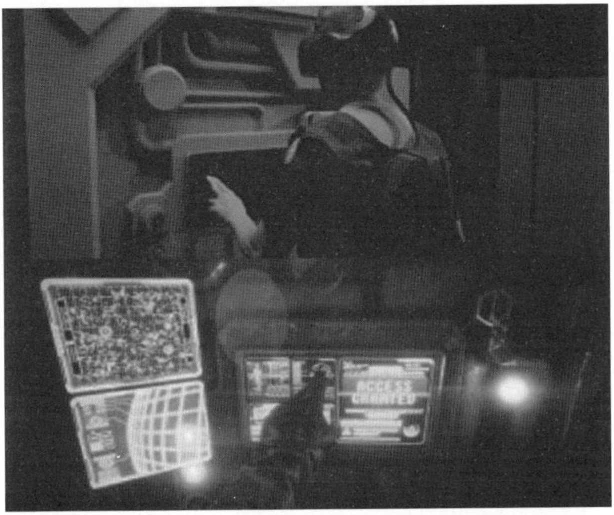

Fonte: Youtube. Disponível em: <https://youtu.be/cML814JD09g>. Acesso em: 25 nov. 2017.

Dependendo da missão escolhida, seus usuários podem estar numa nave alienígena ou em um campo, enfrentando dragões, em um *supervideogame* realista.

A grande diferença é que você pode sentir as paredes, a umidade do local (simulado por *splitters*), o calor da tocha (resistências em um cone) ou teias de aranha de uma caverna (fios de *nylon* especiais). Veja figura 40.

Empresas de mídia já descobriram o poder que isso pode ter no engajamento. Uma *game experience* baseada no filme *Caça-fantasmas*, simula alguns trechos clássicos, como uma cena em que o participante enfrenta fantasmas do mundo virtual no telhado de um prédio. Porém, no mundo real, ventiladores e outros elementos, como luvas com *feedback*, complementam a sensação do colete.

Figura 40
Recursos de hiper-realidade

Fonte: Youtube. Disponível em: <www.thevoid.com>. Acesso em: 25 nov. 2017.

- Feel Real – para melhorar ainda mais a experiência, em 2015 a empresa Feel Real lançou uma máscara, mostrada na figura 41, que é capaz de produzir odores, sensação de vento, calor e vibração. Ela é capaz de conseguir isso por meio de cartuchos, inseridos no dispositivo, que mesclam as essências em tempo real, gerando odores de pólvora, fogo, mar, chuva, flores, couro, cítricos e perfumes, como mostrado na figura 42. Por pouco mais de US$ 4 cada um!

Figura 41
Capacete Feel Real

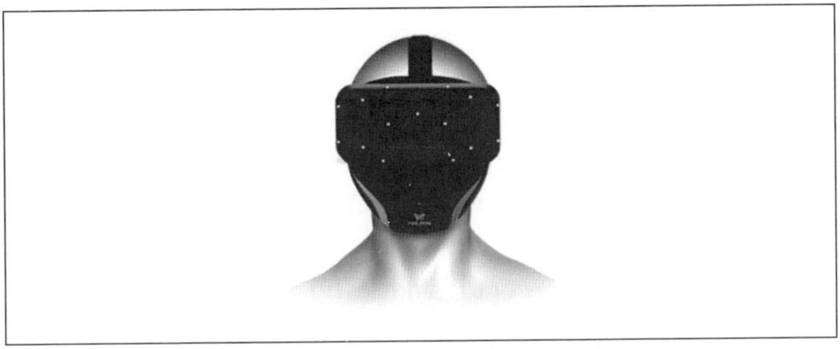

Fonte: Feel Real. Disponível em: <www.feelreal.com>. Acesso em: 25 nov. 2017.

Figura 42
Cápsulas com odores para composição

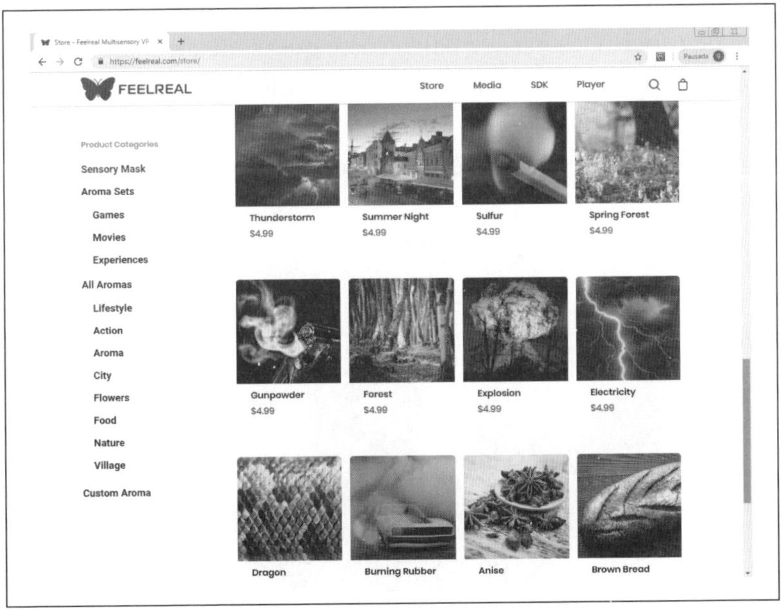

Fonte: Feel Real. Disponível em: <www.feelreal.com>. Acesso em: 25 nov. 2017.

As possibilidades são ilimitadas se forem utilizadas em PDVs para um público visitante de uma loja ou mesmo para *games*, por exemplo:

- sinta o cheiro do carro X;
- sinta o aroma do ar da Noruega, no outono;
- sinta-se uma floresta tropical (em um *game* de aventura).

Nos últimos anos, os óculos de realidade virtual ganharam a possibilidade de sair dos laboratórios das universidades e ganhar espaço comercial na indústria do entretenimento e nas empresas.

Uma das empresas que se aproveitou do poder de processamento dos celulares modernos para tornar a realidade virtual acessível, foi o Google, com seu Google *card board* (veja figura 43). Uma estrutura de papelão e lentes de baixo custo que, somadas a um celular, podiam se transformar em um par de óculos de realidade virtual com boa qualidade que, se usados com fones de ouvido, poderiam aumentar mais ainda a experiência de imersão.

Figura 43
Google card board

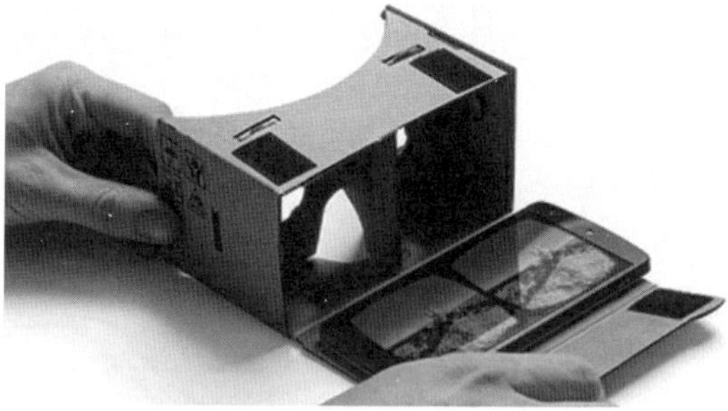

Fonte: <https://vr.google.com/cardboard/> Acesso em: 25 nov. 2017.

Propagandas Interativas

Os usos possíveis no marketing são diversos. Algumas empresas experimentam novas formas de engajar seus usuários levando-os até o ambiente virtual ideal, para que se sintam confortáveis e façam a melhor escolha, como pode ser observado na figura 44.

Figura 44
Comercial interativo da Lexus para o HTC Vive

Fonte: <https://youtu.be/okllrs-SUQg>. Acesso em: 25 nov. 2017.

É possível explorar todas as características do interior do veículo, bem como andar em volta do seu exterior e analisar detalhes do farol, por exemplo, como se você estivesse diante do carro real em uma concessionária. É possível, até, abrir e fechar as portas do automóvel, incluindo o porta-malas (com os sons reais do seu equivalente físico).

Vídeos 360º

Sendo a evolução das fotos 360º, os vídeos 360° são de produção barata e, por terem a possibilidade de visualização sem óculos, caíram no gosto popular da indústria. Propiciam a possibilidade de um POV (*point-of-view*) diferente para cada usuário, seja para ver um videoclipe ou mesmo para navegar virtualmente em um museu. Veja, por exemplo, a figura 45.

Figura 45
Vídeos 360º

Fonte: <www.youtube.com/watch?v=BtIaUFyvGgU>. Acesso em: 25 nov. 2017.

Shopping VR

Conforme mostrado na figura 46, é possível simular um supermercado inteiro, com gôndolas e produtos, ou mesmo um *shopping*, onde se possa interagir com os produtos, de maneira a tornar a experiência o mais rica possível.

Figura 46
Shopping VR

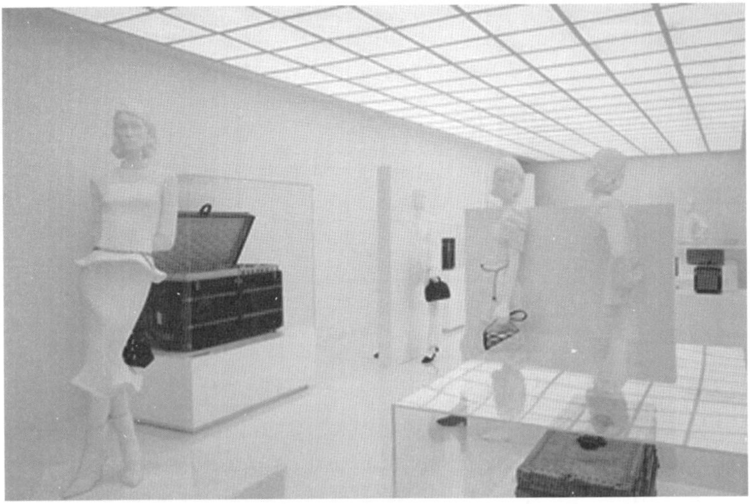

Fonte: <www.project-mg.com/mg-visits-louis-vuitton-series-3-exhibition-in-london/>. Acesso em: 25 nov. 2017.

A realidade virtual ainda tem um longo caminho pela frente. De fato, veremos muitos setores da indústria (não só o marketing) utilizando suas mais surpreendentes características, como na telemedicina ou mesmo no tratamento de fobias (por simulação).

Realidade aumentada (RA)

Diferentemente da realidade virtual, em que o usuário "entra" no mundo virtual, a realidade aumentada ajuda na interação entre ambientes artificiais e reais.

A realidade aumentada é uma variação (ou um recorte) da realidade virtual que objetiva aprimorar os cinco sentidos, de maneira a expandir suas capacidades basais mesclando, por meio de sobreposição, os dois mundos (virtual e físico) conforme mostrado na figura 47.

Figura 47
Realidade aumentada

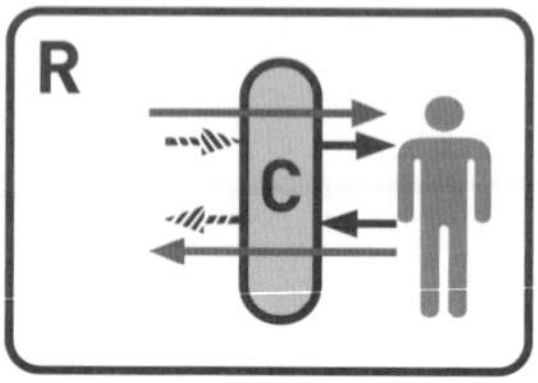

Fonte: Rekimoto e Nagao (1995).

É possível sobrepor a visão com objetos virtuais, criando uma composição única. Como na figura 48, em que um médico pode visualizar, de maneira destacada, os bronquíolos de um pulmão durante uma cirurgia. Da mesma forma, é possível simular um sofá virtual em uma sala real.

Figura 48
Realidade aumentada

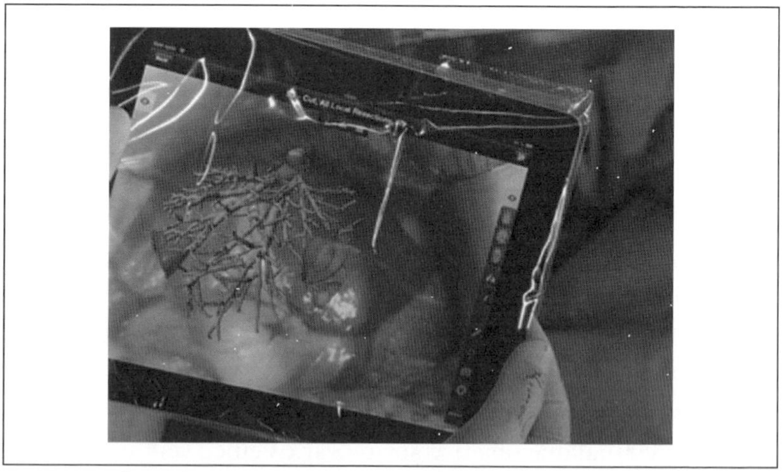

Fonte: <https://goo.gl/RMiMoy>. Acesso em: 25 nov. 2017.

São necessários ao menos três elementos-chave para que tenhamos uma realidade aumentada:

- composição entre o real e virtual;
- interatividade em tempo real;
- registro em três dimensões.

Para que possamos ter esses elementos-chave, é necessário um conjunto de hardware e software específico. Veja o ilustrado na figura 49.

Figura 49
Realidade aumentada

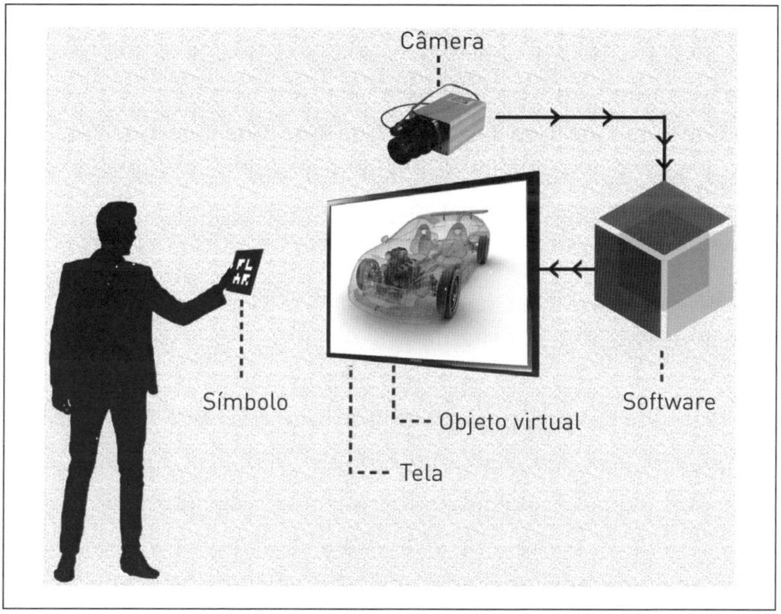

Na ordem, a câmera capta o símbolo no ambiente real. O símbolo serve para gerar a referência em três dimensões do ambiente. O software "enxerga" o símbolo que é processado e, então, adiciona-se um elemento virtual, nesse exemplo um carro. A tela, por conseguinte, projeta o carro em 3D compondo com o que se passa em tempo real, criando assim a sensação de percepção de que o carro está no mesmo ambiente real, por meio da composição de imagens.

Não é obrigatório o mesmo conjunto de hardware e software. Por exemplo, a câmera pode ser um capacete com lentes que são capazes de captar o ambiente e o símbolo, em alguns casos, pode ser descartado se outros recursos forem usados para gerar a referência no ambiente real.

Apesar de parcialmente imersiva, a realidade aumentada tem a seu favor o fato de não ter de criar o ambiente totalmente virtual, mas apenas adicionar camadas e elementos interativos ao real.

A ideia de não ser mais necessária uma tela na palma da mão agrada a muitos, que poderiam utilizar outras interfaces, como a voz ou mesmo gestos a serem captados por dispositivos fixados à cabeça. Deixar as mãos livres, ampliar o sentido da visão e somar retornos táteis, tudo isso pode criar uma extensão de nós mesmos.

Óculos de realidade aumentada

Google e Microsoft têm apostado na tecnologia de RA. Enquanto o Google saiu na frente com o Google Glass, tudo indica que a Microsoft, com o Hololens, colherá frutos. Veja figura 50.

O Hololens, como o próprio nome já demonstra, é capaz de criar um holograma (nos olhos de seus usuários) por meio de um par de óculos extremamente poderoso.

Os óculos possuem câmeras e microfones embutidos no *headset* e um *chip* especial, para entender o mundo ao redor do usuário. Os comandos são feitos por voz ou movimentos de cabeça e mãos.

Figura 50
Óculos Hololens e Google Glass

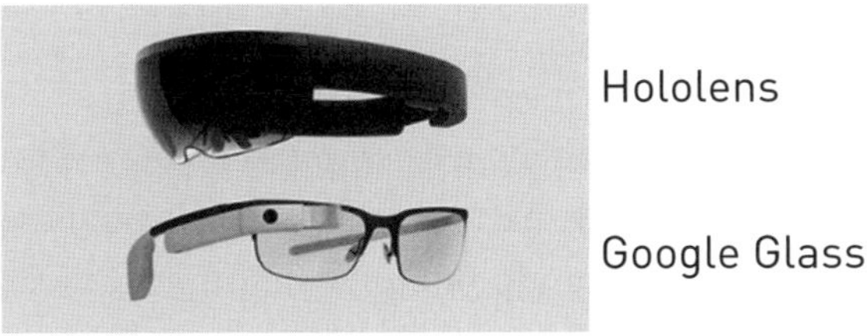

Fonte: <https://x.company/glass/> e <www.microsoft.com/en-us/hololens>. Acesso em: 25 nov. 2017.

Um bom exemplo de sua aplicabilidade é para a formação de profissionais de saúde, como uma ferramenta moderna de aprendizado. Na demonstração, o leitor pode analisar órgãos e corpos humanos inteiros de forma tridimensional, como se estivessem diante de um modelo real, incluindo estruturas internas e os órgãos em sua operação normal, em movimento, conforme pode ser visto na figura 51.

Figura 51
Hololens

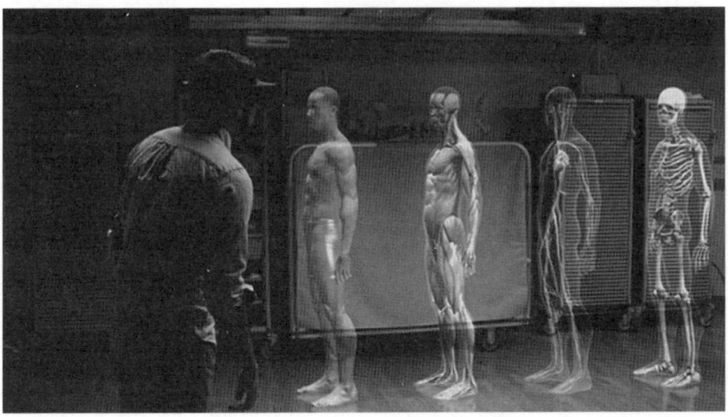

Fonte: <www.microsoft.com/en-us/hololens>. Acesso em: 25 nov. 2017.

Seja com os modernos óculos ou tradicionais câmeras estáticas, é possível uma variedade de aplicações. As mais comuns são em pontos de venda ou mesmo campanhas de *branding*, como mostrado a seguir.

- National Geographic – a agência da empresa levou o mundo da National Geographic para todos, em locais públicos. Para isso, colocou um grande telão, posicionou câmeras em pontos estratégicos e fez a mágica acontecer. Projetou animais selvagens (rinocerontes, golfinhos e até mesmo os extintos dinossauros), além de astronautas e vulcões, tudo bem alinhado com o conteúdo da revista e canal de TV.

A figura 52 mostra como os transeuntes podiam interagir com as projeções e interagir com a marca National Geographic de uma maneira diferente.

Figura 52

National Geographic, central de trem (Rotterdã)

Fonte: <www.youtube.com/watch?v=5QDB7CDD5aA>. Acesso em: 25 nov. 2017.

- *Virtual shopping*: IKEA – a fabricante de móveis norueguesa IKEA inovou no mercado ao levar a outro patamar o catálogo de produtos distribuído aos clientes. Um dos grandes problemas de quem quer comprar móveis é imaginar como ele ficará no seu ambiente, com sua iluminação, com sua cor de parede etc.

Por meio de um aplicativo de realidade aumentada, mostrado na figura 53, o usuário é capaz de usar o catálogo como marcador (símbolo) de maneira a mapear para o aplicativo o local onde deve projetar a imagem de um sofá, por exemplo. Isso permite que o usuário possa levar o mundo virtual para a sala de sua casa, contribuindo para a decisão de compra.

Figura 53
IKEA

Fonte: <www.youtube.com/watch?v=vDNzTasuYEw>. Acesso em: 25 nov. 2017.

Aplicativos de navegação

Na maioria dos carros, quando existe uma tela de navegação, não fica no ponto de visão do motorista, sendo, em alguns casos, até uma distração. Uma forma simples de resolver o problema são alguns dispositivos que projetam a tela do seu celular no vidro do para-brisa do carro.

Outra aplicação interessante é a rosa dos ventos (Bradesco), mostrada na figura 54. Apontando o celular para o chão com o aplicativo do banco aberto, é possível saber a direção de cada agência passo a passo.

Figura 54
Rosa dos ventos (Bradesco)

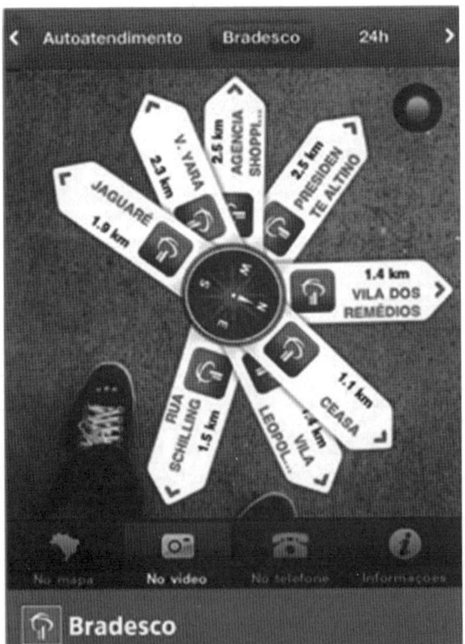

Fonte: <www.bradesco.com.br>. Acesso em: 25 nov. 2017.

No quadro 7, vemos as principais diferenças entre as duas tecnologias.

Quadro 7
Comparativo realidade virtual *versus* aumentada

	Realidade virtual	Realidade aumentada
Imersão	Total	Parcial
Dispositivo especial	Sim	Sim
Custo	$$$$$	$$

Fonte: Kipper e Rampolla (2012).

Ferramentas de prototipação

No dia a dia da concepção de novos produtos mobile, a prototipação é uma etapa fundamental no *design*. Um protótipo pode, em tempo real, testar os recursos que a equipe acabou de conceber, antecipando, dessa forma, possíveis falhas e inconsistências.

O mercado oferece inúmeras ferramentas gratuitas ou pagas para prototipação e não é tarefa simples decidir o melhor nesse universo volátil das novas tecnologias. Porém, segundo Teixeira (2014:90) alguns pontos podem nortear essa escolha:

- curva de aprendizado – facilidade do aprendizado de uso da ferramenta em função da complexidade do projeto;
- velocidade – tempo necessário para realização da tarefa;
- fidelidade – qualidade dos elementos visuais e das funcionalidades geradas;
- compartilhamento – possibilidade de trabalho colaborativo

Entre as principais ferramentas para prototipação de produtos, são destaque no mercado brasileiro:

- Axure <www.axure.com>;
- InVision <www.invisionapp.com>;
- Proto.io <https://proto.io>;
- MockingBot <https://mockingbot.com>.

* * *

Neste capítulo, apresentamos os usos e características das principais tecnologias do universo mobile, com destaque para aquelas que demandam telecomunicações, radiofrequência e internet. Destacamos também que, nesse cenário, aplicativos e soluções web oferecem infinitas possibilidades ao usuário. No próximo capítulo, trataremos de como empregar essas tecnologias em estratégias e campanhas de marketing mobile.

4
Estratégias, campanhas e métricas

A criação de uma campanha mobile passa por várias etapas, e para elas existem diversas metodologias. Algumas procuram explorar a criação de produtos e apps, outras focam mais nas ações de divulgação e engajamento do usuário. Abordaremos, neste capítulo, as ações de divulgação e seus processos.

Mobile moments

A onipresença do usuário cria uma nova jornada do consumidor dentro de um ecossistema de plataformas móveis de comunicação, uma jornada constituída de pequenos momentos, de instantes em contextos específicos nos quais somos impactados, de momentos temporais e espaciais nos quais um dispositivo móvel atende a uma necessidade pontual: micromomentos, também conhecidos como mobile *moments*.

Esses momentos são concebidos dentro de uma estratégia comportamental (quem, como, onde, por que, como), mas são administrados por um complexo tripé de infraestrutura que envolve tecnologias, plataformas e processos.

A concepção e a gestão desses momentos devem ser tangíveis e mensuráveis, em suas diversas fases:

- identificação – mapeamento do contexto em que acontecem;
- projeto – concepção da estratégia de engajamento;
- desenvolvimento – tecnologias, plataformas e processos como meio;
- análise – métrica, monitoramento e ajustes.

Apesar de infinitas possibilidades de comportamento e de necessidades específicas dos usuários de serviços digitais, esses momentos podem ser agrupados em quatro grandes blocos (Google, s.d.):

- momentos "quero conhecer" – consumidores querem conhecer produtos e serviços. Sua empresa tem uma resposta objetiva e criativa para essas necessidades?
- momentos "quero ir" – consumidores querem visitar um *site* ou algum lugar físico. Sua empresa consegue indicar esses lugares para eles?
- momentos "quero fazer" – os consumidores querem aprender a fazer algo, com a ajuda de vídeos, tutoriais e conteúdos do tipo DIY (faça você mesmo). Sua empresa consegue ajudá-los?
- momentos "quero comprar" – consumidores querem comprar seus produtos e serviços. Sua empresa está pronta para atendê-los dentro do ecossistema mobile?

Boas práticas

É sempre bom lembrar: pontos importantes de aferição e boas práticas não são regras para serem seguidas literalmente, mas propiciam uma direção ao processo de planejamento:

- defina sua proposta de valor determinando o que o cliente deseja fazer com sua empresa no celular;

- compare sua empresa com outras em seu setor;
- sua principal prioridade é criar um *website* otimizado para celular? Otimize seu *website* para celular constantemente;
- é provável que os usuários de seu aplicativo representem clientes mais envolvidos e leais. Promova, gerencie e otimize ativamente seu aplicativo, como se ele fosse um canal de vendas ou de lealdade exclusivo;
- nomeie um responsável por dispositivos móveis em sua empresa e lhe ofereça uma força-tarefa multifuncional.
- entenda o horário, o local e a proximidade em que os clientes usuários de celular pesquisam. Use esses sinais contextuais de local, proximidade e horário do dia para refinar suas estratégias de marketing de busca e frases de chamariz;
- além dos pedidos de comércio para celular, identifique como o celular está gerando valor para sua empresa por meio de outros caminhos até a compra, como visitas a lojas físicas com a ajuda do celular, chamadas, transações em aplicativos para celular e até mesmo atividades de comércio eletrônico em computadores que foram iniciadas em um celular;
- acompanhe como os usuários estão convertendo em seu *site* e seu aplicativo para celular no sentido mais amplo. Codifique não só vendas de comércio para celular, mas também conversões com a ajuda do celular, como cliques no localizador de lojas, chamadas com o recurso clique para ligar, *downloads* de aplicativos e transações no aplicativo;
- os consumidores mudam de contexto durante o dia;
- lembre-se de estruturar seu marketing para todas as telas e contextos, especialmente para celular. Ele é o dispositivo com maior probabilidade de estar mais perto do seu cliente a qualquer momento.

Proposição de uma campanha

Objetivo da campanha

Apesar de parecer óbvio, é aqui, normalmente, que as campanhas falham. Tentar alcançar múltiplos objetivos não é uma tarefa impossível, porém também não é fácil. Aconselha-se elencar um objetivo e torná-lo principal. Será ele que norteará todo o resto do desenvolvimento, seleção de ferramentas, métricas etc. Por exemplo:

- conversão direta – busca ações diretas de conversão em vendas, seja a comercialização de produtos em um *check-up* de comércio eletrônico, venda de app ou itens *in* app.
- geração de *leads* – muito comum em mercados de alto valor agregado, como imóveis, carros e joias de alto valor. A intenção é capturar informações do usuário sobre o desejo para posterior contato e conversão.
- *branding* – não visa ao lucro direto; seu objetivo principal é a construção ou divulgação da marca. Em geral, aborda formas criativas de engajamento do usuário.

Público-alvo

Escolher bem o público-alvo primaz é tão importante quanto o objetivo da campanha. Reduz o alvo e torna mais efetiva a campanha. Como muitas empresas já têm contato com os clientes em outros canais, é possível tentar migrá-los em outros momentos de sua jornada diária, de maneira a engajá-los ainda mais:

- clientes atuais – trabalhar com uma base já existente torna o processo mais simples e reduz custos de aquisição;

- segmentação – similar aos "clientes atuais", só que tem seu foco em segmentar a base já existente para melhorar a assertividade;
- novos clientes – capturar novos clientes por meio de ferramentas e ações, conquistando um novo público.

Jornada do consumidor mobile

A jornada do consumidor é um fator extremamente relevante no mundo das campanhas mobile. Saber o hábito do consumidor, quando ele está mais propenso a cada atividade, pode ser um fator relevante na taxa de conversão. Veja, na figura 55, um exemplo muito simples de representação de uma sequência de atividades que compõem uma jornada de um consumidor durante um dia todo.

Figura 55
Jornada do consumidor mobile

Por exemplo: desejo vender um pacote de férias para a Disney. Qual seria o melhor momento? Esta costuma ser uma decisão em família; logo, o melhor momento, em tese, é quando a família está reunida em casa.

Qual seria o melhor momento para vender uma pizza? No trabalho, no horário de almoço, ou na hora em que o possível cliente está voltando para casa antes do jantar?

Para ter acesso a essa informação (onde o usuário está, em tempo real) ou onde ele esteve (histórico), é necessária a autorização do usuário por um app próprio ou serviços de terceiros (como redes sociais) que ficam constantemente computando as informações do GPS do dispositivo, criando, assim, uma excelente base de dados de hábitos e trajetos para consulta.

A seguir, um exemplo de jornada do usuário ou do consumidor mobile dentro de um cenário B2B (*case* hipotético).

"Minha empresa precisa contratar uma empresa para o desenvolvimento de um novo aplicativo mobile. Eu, como responsável por essa ação, busco um parceiro que ofereça boa reputação, excelência técnica, preço competitivo e confiabilidade. Por onde eu começo?"

1. Pesquisar em portais e publicações sobre as tecnologias que eu demando.
2. Pesquisar fornecedores por meio de mecanismos de busca.
3. Consultar perfis desses fornecedores nas mais diversas redes sociais.
4. Avaliar comentários sobre esses fornecedores em portais especializados.
5. Assinar notícias, *newsletters* e atualizações de possíveis fornecedores.

Todas essas etapas, anteriores à concretização do negócio, podem ser realizadas de maneira ubíqua por meio de um dispositivo móvel, ou seja, a qualquer momento, em qualquer lugar.

Os possíveis fornecedores devem oferecer, além das informações técnicas inerentes ao negócio, conteúdo informativo e educacional.

As redes sociais desse fornecedor precisam estar em sintonia com clientes e com o mercado para atestar credibilidade.

Toda essa jornada é viabilizada pelo seu dispositivo móvel.

Modelos de retenção

Uma das maiores dificuldades da indústria dos apps é manter o usuário sempre ativo. São milhares de apps, centenas de modelos de negócio e serviços distintos à disposição do usuário. Lutar por essa atenção é cada vez mais difícil. Algumas técnicas podem ser empregadas a fim de melhorar esse índice.

Skinner box

Conhecida técnica do psicólogo Skinner, baseada no *behaviorismo*. A caixa de Skinner, como é conhecida, é o experimento de uma caixa hermeticamente fechada que contém um mecanismo que pode ser manipulado ou acionado por um animal toda vez que quiser água ou alimento, como um tipo de reforço positivo. Inspirados nessa ideia, vários *games* exploram o comportamento do vício, sempre fazendo o usuário querer jogar mais uma partida, conquistar mais pontos ou evoluir um personagem, de sorte a ficar mais tempo no *game* ou na peça publicitária, como ocorre, por exemplo, no Candy Crush. Nesse *game*, mesmo que o usuário queira jogar, caso ele perca suas vidas é obrigado a aguardar 30 minutos para jogar novamente. Além disso, o tempo todo é impactado com frases de reforço positivo como "delicioso", "divino".

Social

A mais utilizada hoje em dia é a técnica de retenção social, usando a grande quantidade de redes sociais existentes, fazendo-se valer das já conhecidas técnicas de permitir o compartilhamento de notícias, vídeos e testemunhos comuns a todas as redes. As ferramentas de remarketing conseguem saber por onde você passou e, de forma direta, impactar a todo instante o usuário por meio de propagandas direcionadas, não o deixando esquecer de interagir com você.

Viralização

Como o nome propõe, a ideia é espalhar um vírus pelo maior número de potenciais "vítimas". Considerando a meta da retenção, ao usar essa estratégia, é possível selecionar influenciadores em determinado tema, a fim de que eles "infectem" os seguidores com seu produto ou serviço, seja por meio de incentivo financeiro, seja porque realmente quer indicá-lo por gostar de seu serviço. Incentive-os a chamar os seguidores de maneira a voltarem, a gastarem mais tempo com você.

Economia in app

Conseguir criar um ecossistema capaz de possuir uma economia própria é o sonho de toda empresa. O conceito do *freemium*, termo cunhado por Cris Anderson em 2009, é um ótimo exemplo. Pode-se iniciar o negócio com o serviço gratuito e, caso o usuário deseje, ele pode pagar por uma versão *premium*. O próximo passo é conseguir, além de realizar o *upgrade* do usuário gratuito para o pagante, mais um pequeno "pedaço" do bolso do consumidor, só que agora usando seu próprio "mundo virtual", em que as regras econômicas são da empresa, permitindo que os usuários façam microtransações.

Como o próprio nome indica, economia *in* app é qualquer transação financeira de pequena monta, mas de preferência recorrente e o tempo todo acessível aos usuários mais ávidos. Com o advento dos pagamentos digitais (cartões de crédito já salvos), é mais "fácil" convencer usuários a apenas apertar um botão e adquirir um item especial em um *game* ou mesmo a liberação de um recurso ou serviço especial em um app que, muitas vezes, é mais barato que um cafezinho. Como modelo de retenção, você pode incentivar jogadores que não têm dinheiro real a ficarem horas e horas no seu mundo virtual realizando tarefas a fim de ganharem uma moeda virtual que pode ser convertida em serviços dentro da plataforma.

Produtos e peças publicitárias

A má escolha de *call-to-action* pode condenar uma campanha móvel. É por meio das peças publicitárias que, normalmente, a campanha se inicia, ou tem seu auge de interação com o usuário. Apresentamos alguns exemplos de como elas podem ocorrer de maneira eficiente em diversas ferramentas:

Apps

Como o próprio acrônimo diz, é um aplicativo de celular compilado e instalado no dispositivo móvel, ocupando espaço em memória física do aparelho, tendo ícone disponível na área de trabalho e acesso aos recursos de hardware do aparelho na sua completude (giroscópio, microfone etc.). No app, é possível fazer diversos tipos de *call-to-action*, já que possui acesso quase irrestrito aos recursos do aparelho.

Website mobile

O *site* mobile pode substituir um app por não ser necessário baixar integralmente as "telas" e ocupar um grande espaço no aparelho.

Hoje em dia, os *browsers* mobile já possibilitam acesso a quase todos os recursos do dispositivo, equiparando-se aos apps em recursos e *call-to-actions* disponíveis. Torna-se uma opção mais barata do que os apps. Se ainda considerarmos o advento de novas tecnologias, como o PWA, essa diferença ficará tênue ou nula.

Interação via mensagens (SMS/WhatsApp/Facebook Menssenger)

Normalmente, o uso dos serviços de mensageria instantânea entra no rol de ferramentas complementares das campanhas. Muito utilizadas devido ao seu baixo custo e alto índice de interatividade, são parte comum nas ações de mídia em que, por vezes, é o *call-to-action* inicial. Mais recentemente, os *bots* surgiram tornando-a uma ferramenta completa, não mais apenas parte.

Banner mobile

As versões móveis das já tradicionais peças de publicidade *online* oferecem como diferencial a adaptabilidade e o peso (em *bytes*) se comparada à versão tradicional de computadores de mesa (*desktop*). Também podem ser geolocalizadas, o que é excelente para negócios locais, e permitem o *download* do app ou URL do *site* mobile. Um exemplo é o app do restaurante Bella Capri, conforme apresentado na figura 56.

Unindo serviços de *remarketing* com geolocalização, também é possível criar uma peça dinâmica, personalizada para o momento e o local de cada usuário.

Figura 56

Banner publicitário no app – Restaurante Bella Capri

Fonte: <www.bellacapri.com.br>. Acesso em: 25 nov. 2017.

E-mail marketing mobile

É uma peça de formato simples e de baixo custo que pode se adaptar, mesmo que com limitações, ao *browser* do dispositivo do usuário. Ela tem capacidade e apelo visual similar a um *site*.

M-commerce

No caso das plataformas de mobile *commerce*, *landing pages* que contenham *one page checkout* (uma página para fechamento da compra) podem ser utilizadas de maneira direta como meio de pagamento rápido integrado.

QR code

Apesar de o QR *code* ser uma ferramenta, sua característica de representação visual pode ser usada para criar arte ou peças para mobiliário urbano, como no exemplo que pode ser visto na figura 57.

Figura 57
QR *code* com informações turísticas da praia de Copacabana

Fonte: autor desconhecido.

Todas as tecnologias vistas no segundo capítulo também são ferramentas de composição para o disparo de ações e campanhas, e podem ser utilizadas individualmente ou de maneira integrada em uma mesma campanha. As principais são:

- SMS;
- NFC;
- *bluetooth*;
- realidade aumentada;
- realidade virtual.

Pilares criativos

São o *modus operandi* da campanha, o conjunto de processos e ações que definem de que forma o objetivo é alcançado, em conjunto com o modelo de retenção. Existem diversas proposições para sua categorização.

Gamification

Gamificcation é um pilar criativo que exerce grande apelo sobre os usuários, criando desafios interativos e recompensas que estimulam o engajamento com a marca a partir da competitividade dos seus jogadores, cada vez mais comum entre os anunciantes, como o *game* "Desafio Bozzano Liga da Justiça", mostrado na figura 58.

Figura 58
Desafio Bozzano *Liga da Justiça*

Fonte: <www.ampfy.com.br>. Acesso em: 25 nov. 2017.

A ideia da promoção, aqui apresentada é criar uma abordagem lúdica (*gamification*) dos seus produtos (desodorantes) com o apelo do filme *Liga da Justiça*.

Crowdsourcing ou conteúdo colaborativo

Esse princípio consiste em usar o poder das massas para conseguir feitos antes muito caros ou impossíveis com usuários individuais desconectados. Seja por uso de ferramentas de *bigdata* ou munidas do hoje simples recurso de câmera fotográfica disponível em qualquer *smartphone*, é possível fazer muitas coisas interessantes com muitos usuários contribuindo de forma direta ou indireta, como o SpotSquad, por exemplo.

A empresa SpotSquad desenvolveu um aplicativo, mostrado na figura 59, que conta com a colaboração de todos os cidadãos. Qualquer um pode informar, por exemplo, um estacionamento em local proibido. Caso regulamentado, seus produtores afirmam que vão utilizar o sistema de *badges* com um *ranking* dos usuários "mais produtivos", dando recompensas inclusive em dinheiro. Sem dúvida, é uma grande descentralização no sentido do *law enforcement*.

Figura 59
Aplicativo SpotSquad

Fonte: <https://youtu.be/noECbHWSHp4>. Acesso em: 2 out. 2018.

Do it yourself ou faça você mesmo

Nesse princípio, a ideia é que um produto mobile tenha um propósito muito definido e ímpar, no qual o usuário participa do processo de maneira direta. Em geral, o próprio aparelho e seus recursos físicos, tais como câmera, microfone, giroscópio, são necessários. Normalmente, o aplicativo não tem outras características (*features*), salvo as propostas na sua utilização, sendo seu uso restrito e bem focado nessa interação *on-to-offline*.

Como exemplo, temos o caso do app Magic Plan, em tradução direta algo como "Planta Mágica." Seu objetivo é criar uma planta baixa ou em 3D de um imóvel ou cômodo, com o uso direto do celular, pelo usuário. Usando apenas a câmera e tela *touch screen*, é possível criar as medidas sem nenhuma ferramenta física adicional, como uma trena, sendo uma verdadeira "ferramenta virtual".

Para conseguir isso, o app utiliza o giroscópio do aparelho e efetua cálculos trigonométricos complexos com as informações de marcação do usuário na tela, sobrepondo a vista da câmera com elementos virtuais e criando uma RA (realidade aumentada) para o usuário se guiar. Veja figura 60.

Em outro exemplo, a seguir, temos o Mateus, um app com propósito muito claro de ser um alarme para o tempo de resfriamento de que a garrafa necessita, avisando ao usuário quando a mesma já estará apta ao consumo, após sua colocação no *freezer*. Cabe ao usuário colocar a bebida na geladeira e iniciar o cronômetro no app. Veja a figura 61.

Figura 60

App MagicPlan

Fonte: <https://play.google.com/store/apps/details?id=com.sensopia.magicplan>. Acesso em: 25 nov. 2017.

Figura 61

App Mateus

Fonte:<https://play.google.com/store/apps/details?id=com.mateusnoponto.app>. Acesso em: 25 nov. 2017.

Inspiracional

Sem dúvida, o pilar mais criativo. Aqui, é necessário, além de comunicar, inspirar o usuário a refletir sobre o mote da campanha.

Institucional

O propósito é, claramente, fazer uma proposição da empresa sobre sua missão, valores e atuação de mercado ou mesmo sobre o apelo da campanha publicitária mais recente.

Informacional

Trata-se de alguma ação ou produto que tenha a proposta principal de informar os clientes. É muito comum em produtos e serviços governamentais ou sem fins lucrativos.

Classificação conforme a proposta

Os princípios criativos ainda podem ser classificados, de acordo com sua proposta, em *time saver* ou *time killer*.

Time saver

Neste tipo, tanto empresas quanto usuários têm vantagens. Empresas vão tentar encurtar os caminhos de comunicação até o consumidor final. Do inglês *time saver*, em tradução direta "poupar tempo" seria a característica buscada por esse tipo de app.

É um utilitário em que serviços reinam. Podem ser aplicativos de serviços financeiros, como bancos e financeiras, atendimento via *chat* de uma empresa de cosméticos ou mesmo uma aplicação mobile que torne possível rastrear uma encomenda nos correios. Alguns exemplos:

- Tokpag Itaú – no estilo de carteiras virtuais com recursos "exclusivos" e ágeis, o banco Itaú lançou um app que permite facilitar as transações do dia a dia com base nos contatos do celular. Além disso, se utiliza de outras redes de comunicação, como SMS e WhatsApp. Possui várias vantagens sobre o app comum da instituição, como visto na figura 62.

Figura 62
App Tokpag Itaú

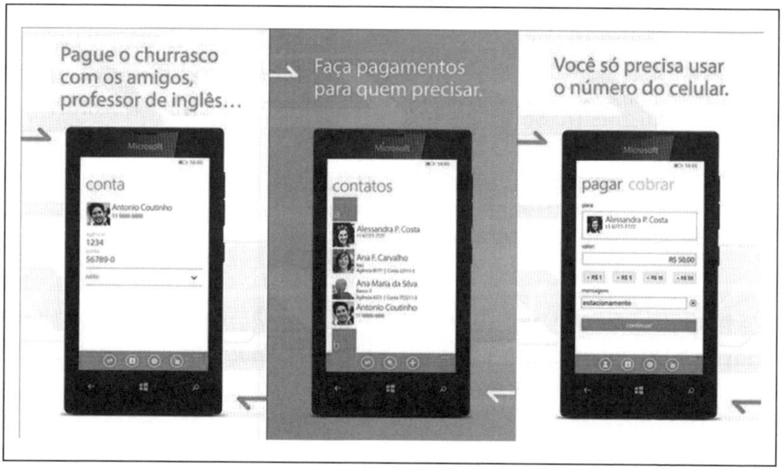

Fonte: <https://play.google.com/store/apps/details?id=com.tokpag>. Acesso em: 25 nov. 2017.

- Correios brasileiros – nesse app dos Correios brasileiros, mostrado na figura 63, o conceito *time saver* é bem explícito: sem a necessidade de verificar o *e-mail* a todo instante ou mesmo ter trabalho para organizar as buscas realizadas no *site* oficial, os Correios criaram um app de serviços que, entre os quais certamente o mais buscado é o rastreamento do status das encomendas, com recursos extras como *push notification*.

Figura 63
App de rastreamento dos Correios

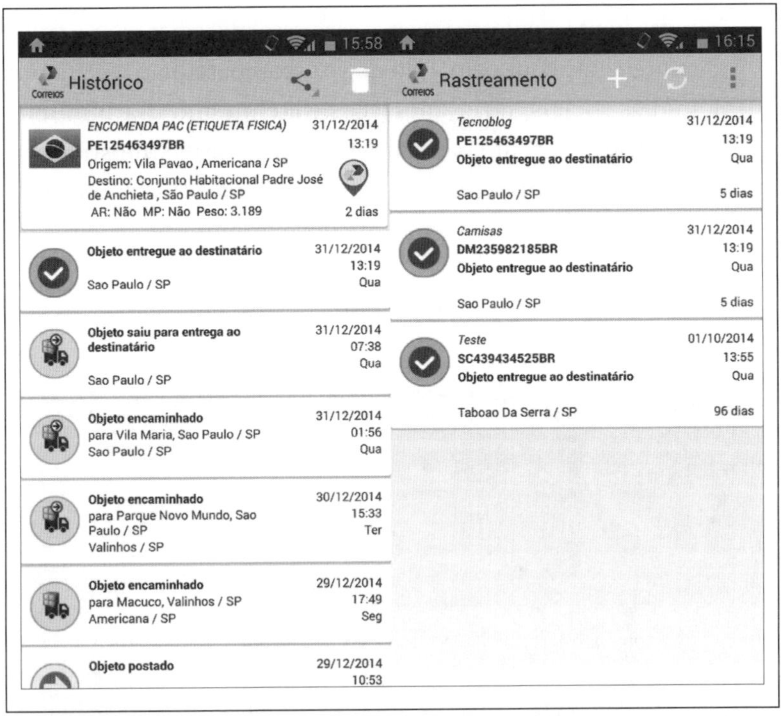

Fonte: <https://play.google.com/store/apps/details?id=br.com.correios.srocorreios>. Acesso em: 25 nov. 2017.

Time killer

No contexto do mundo mobile, um aplicativo *time killer*, literalmente “matador de tempo” ou, melhor dizendo, um aplicativo para “matar o tempo” é um app cuja principal função é a distração, o entretenimento, que servem como passatempos. Na maior parte das vezes, são *games* e interatividades lúdicas dentro de aplicativos.

Alguns exemplos de campanhas:

- Voice Cooking App Philadelphia – com o aplicativo "Cozinhaterapia", os consumidores podem dizer o nome de um ingrediente, explorar receitas com esse ingrediente, ir e voltar em receitas com comando de voz, compartilhar receitas em mídias sociais, fazer anotações e até mesmo usar um temporizador durante o cozimento. O aplicativo, mostrado na figura 64, atingiu mais de 150 mil *downloads* e os consumidores gastaram uma média de nove minutos na plataforma.

Figura 64
Voice Cooking App Philadelphia

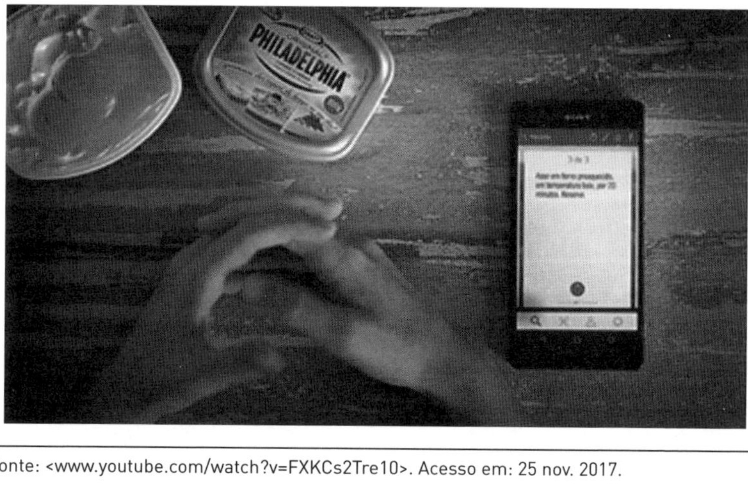

Fonte: <www.youtube.com/watch?v=FXKCs2Tre10>. Acesso em: 25 nov. 2017.

Abaixo, no quadro 8, podemos ver, de forma simplificada, a proposição mobile do aplicativo Cozinhaterapia.

Quadro 8
Proposição mobile do app Voice Cooking

Produto
• APP
Ferramentas
• *Speech to text*
• Alerta
Pilar criativo
• *Time saver*
	Processo
	• **Ativo**
	  • Baixar o App
	  • Interagir por voz
	  • Compartilhamento de receitas culinárias
	• **Passivo**
	  • App – envio de alerta

- Caso Guaraná: namoro – na contramão das ações focadas no Dia dos Namorados, o Guaraná Antarctica decidiu dar uma visão agridoce para a campanha da marca na data comemorativa.

  O refrigerante lançou o aplicativo Ex Lover Blocker, que promete ser a solução dos problemas de quem acabou um namoro e está com medo de uma recaída.

  A marca convida o usuário a fazer o *download* do app que bloqueia o telefone do ex-namorado ou namorada e ainda escala cinco amigos para ficar de olho em tentativas de contato.

  Em caso de tentativa de desbloqueio, o aplicativo impede a ligação e manda um aviso para os amigos escolhidos, que ganham dois minutos para ligar para o usuário. Por fim, se a ligação dos vigilantes não for atendida e o usuário ligar para algum antigo relacionamento, mesmo assim, o app publica automaticamente a recaída no Facebook. Na figura 65, o aplicativo Ex Lover Blocker em ação.

No quadro 9, podemos ver de forma simplificada a proposição mobile.

Quadro 9
Proposição mobile do Vivo Meu Show

Ferramenta	Processo ativo
• Campanha de vídeos YouTube • APP	• Baixar o aplicativo • Bloquear o número da ex • Escolher amigos da lista de telefones **Passivo** • APP – envio de SMS / alerta • APP – envio de MSG em *time line*

Figura 65
Guaraná namoro

Fonte: <www.youtube.com/watch?v=lnB9C3YZCRI>. Acesso em: 25 nov. 2017.

- Vivo Meu Show – a Vivo lançou o Vivo Meu Show, mostrado na figura 66, aplicativo por meio do qual a empresa realiza o que chama de "primeira competição de música pelo celular do Brasil", como parte do posicionamento "Fazer acontecer #pegabem", lançado no início de 2017.

Figura 66
Vivo Meu Show

Fonte: </www.mmaglobal.com/case-study-hub/case_studies/view/41819>. Acesso em: 25 nov. 2017.

O aplicativo, disponível para *download* grátis nas *app stores* para Android e iOS, pode ser baixado por clientes de qualquer operadora.

Cristina Duclos, diretora de imagem e comunicação da Vivo, defende que a ação possibilita uma interação "inovadora" com os usuários, sejam eles clientes ou não da operadora.

Para divulgar o projeto, a DPZ&T criou campanha digital, com filmes veiculados no ambiente mobile, redes sociais, portais e *site* da Vivo.

Todas as pessoas que baixam o aplicativo podem participar gratuitamente, assistindo aos vídeos dos concorrentes e votando nos candidatos de sua preferência.

No entanto, apenas os clientes da Vivo (pré-pago, pós-pago e controle) podem também filmar e fazer o *upload* de vídeos, participar do concurso e concorrer a prêmios.

Para participar da competição, é necessário baixar o app e se cadastrar. O vencedor ganha R$ 500 mil em prêmios, que incluem R$ 100 mil em certificados de barras de ouro, gerenciamento de carreira artística, gravação de CD e de videoclipe, além de contrato com a Som Livre. Adicionalmente, foi convidado a participar do bloco da Preta Gil no Carnaval 2016 do Rio de Janeiro.

A mecânica do concurso envolve quatro etapas. Na primeira, os candidatos podem publicar vídeos no aplicativo. Na segunda, são selecionados 256 artistas por meio de votação no estilo "curti" e "não curti". Depois, acontecem os duelos temáticos (*pop*, música brasileira, regravações e estilo livre), para os quais as duplas são escolhidas aleatoriamente, pelo aplicativo.

Na fase final, 16 artistas travam novos duelos, desta vez em estilo livre, até que se chegue aos quatro finalistas.

O aplicativo é gratuito, mas quem desejar pode contratar dicas e *coaching* de Marcos & Belutti, Léo Chaves (Victor & Léo), Preta Gil, Bruno Cardoso (Sorriso Maroto), Lexa e Canisso (Raimundos), entre outros.

Mídia programática

Com a compra cada vez mais automatizada de mídia (publicidade), as marcas agora podem direcionar sua força de compra nessa nova estratégia. É possível dizer quanto se está disposto a pagar por um determinado perfil de consumidor, filtrar seu perfil demográfico, tempo de uso, marca do dispositivo, saber onde o usuário está (georreferenciamento), conhecer o contexto de interação dos usuários e muito mais – tudo isso antes de uma propaganda ser exibida, criando assim um novo mercado em que a assertividade é muito maior.

O monitoramento das campanhas também se torna mais dinâmico, tornando-se um ecossistema conforme mostrado na figura 67, e podendo, com mais facilidade, cruzar dados e segmentar *leads* qualificados sem ter de abrir mão de obra de marketing qualificada para isso.

Figura 67
Mídia programática, ecossistema de pagamentos

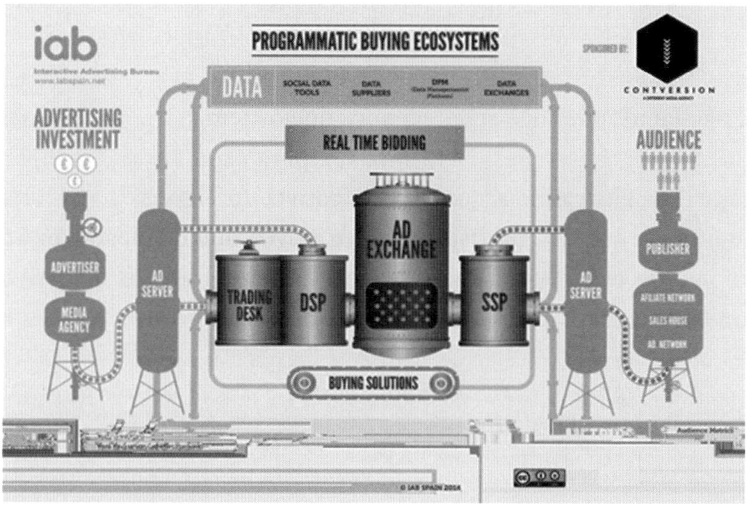

Métricas e analytics

Uma das maiores vantagens do mundo digital é a capacidade praticamente ilimitada de medir quase tudo que acontece em seu ambiente. Podemos medir uma infinidade de dados, dependendo da plataforma utilizada (app ou web mobile), aferindo, por exemplo:

- a quantidade de cliques ou toques na tela e até quantos dedos estavam tocando;
- como o aparelho estava sendo utilizado no momento da interação, se na horizontal ou na vertical;
- qual tipo de conexão à rede: 3G, 4G, *wi-fi;*
- como estava a carga da bateria;
- qual aparelho (marca e modelo) foi utilizado;

- qual o sistema operacional do dispositivo;
- qual o espaço livre do aparelho;
- de qual país, estado, cidade ou até mesmo rua veio o acesso.

Métricas mobile

Além das métricas do sistema, podemos cruzar alguns dados e criar estatísticas que sejam ferramentas de apoio à decisão. São comuns em painéis especialistas para o controle do mundo de aplicativos como o Flurry Analytics <https://y.flurry.com>. Veja a figura 68.

Figura 68
Tela do aplicativo Flurry Analytics

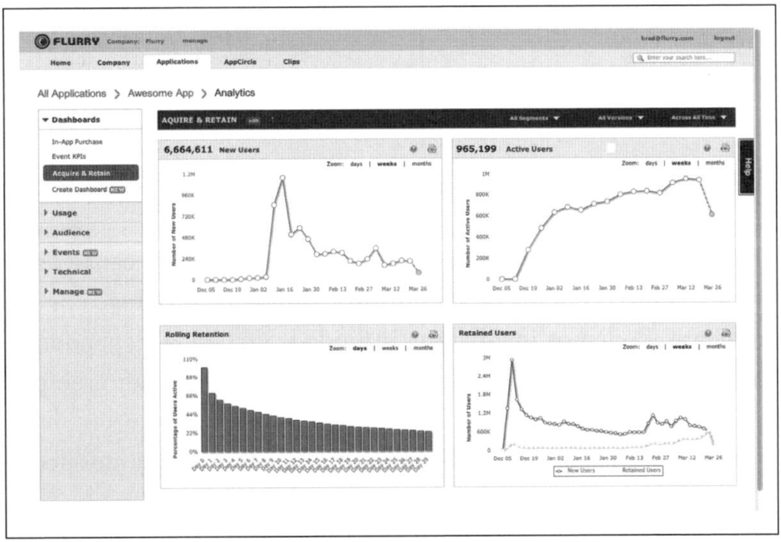

Fonte: <www.flurry.com>. Acesso em: 25 nov. 2017.

As principais métricas podem ser obtidas em uma ou mais ferramentas ou cruzando os dados. A seguir, colocaremos algumas delas para estudo.

- Arpu – em inglês *average revenue per user*, ou receita líquida média por usuário, em português. É uma métrica muito interessante para o mundo móvel, que dá a possibilidade de aferir as várias fontes de receita em uma ação mobile. Por exemplo, um aplicativo que tenha receita por microtransações e publicidade. Você pode pegar essa receita e dividir pelo número de usuários, gerando um valor de receita por usuário.
- Total de *downloads* – a métrica indica o número de vezes que o aplicativo foi baixado. Obviamente, é o primeiro passo para um app de sucesso, porém vale ressaltar que a maioria dos aplicativos baixados não é aberta mais de uma vez.
- Custo por aquisição – para cada usuário que utiliza seu produto ou serviço, você tem um custo envolvido no marketing, publicidade, departamento de TI, entre outros. Como cada usuário vem de um canal (SMS, busca paga ou busca orgânica), o ideal é calcular qual o custo para adquirir um novo usuário e relacionar com os canais e ações de maior sucesso e que também tenham usuários mais engajados, já que o simples *download* ou acesso não é um indicador de sucesso do aplicativo.
- MAU/DAU – MAU é uma sigla para *monthly active users* e DAU quer dizer *daily active users*. Elas apontam para o número de usuários ativos por mês e por dia, respectivamente. Com isso, é possível fazer previsões sobre crescimento e engajamento real dos usuários ativos.
- AARRR – criado por Dave McClure, o *framework* AARRR (*acquisition*, *activation*, *retention*, *referral and revenue* ou aquisição, ativação, retenção, referência e receita, em português) e ilustrado na figura 69, tem a intenção de metrificar o sucesso, analisando o ciclo de vida do cliente e conversão em diferentes estágios, indo da captura (aquisição) até a conversão em cliente.

Figura 69
Framework AARRR

A **Aquisição**	A **Ativação**	R **Retenção**	R **Referência**	R **Receita**
DAU / WAU / MAU	Ações "fortes" ou conversões	Aquisições recorrentes (coortes)	NPS	*Average revenue per user* (ARPU)
Duração da sessão			App *ratings*	
Profundidade da sessão	*Signups*	Ativações recorrentes (coortes)	*Reviews*	*Customer lifetime value* (CLV)
	Compras		Reclamações	
Ações fracas ou intenções	Intenções de conteúdo	Taxa de *churn*	Coeficiente de viralização (k-*factor*)	*Customer acquisition cost* (CAC)
Taxa de *bounce*	Consumos de conteúdo			*Return on investment* (ROI)
				Payback time

Adaptado de: <http://startitup.co/guides/374/aarrr-startup-metrics>. Acesso em: 25 nov. 2017.

A primeira etapa, aquisição (*acquisition*) reflete bem a publicidade e a atratividade que seu produto ou serviço tem para o usuário. É possível verificar de onde o usuário veio, volume e qual canal está dando um custo de conversão melhor, como SEM/SEO, redes sociais etc. Analisar a quantidade de inscritos ou intenções, por exemplo.

Depois de atrair os usuários na aquisição, na etapa ativação (*activation*) o objetivo é fazer o usuário entender a proposta de valor do seu produto ou serviço. É um convencimento de fato, com uso de vídeos, testemunhais, instalação do app, primeiro *check-in* e outras técnicas. São as duas métricas obrigatórias para toda estratégia mobile baseada em apps.

Algumas perguntas são importantes para a compreensão desse processo:

- Qual a quantidade de dados capturados dos usuários?
- É possível contatá-los?

- Quais áreas do *site* ou aplicativo são mais acessadas?
- Qual o tempo médio de navegação?

A retenção indica quantos usuários, de fato, voltaram a interagir com o produto digital após um determinado período, qual foi a taxa de reentradas *versus* saídas e qual o tempo médio de interação com o produto.

Nessa etapa, é necessário analisar onde os *gaps* se encontram e, constantemente, tentar otimizar onde o usuário interage, a fim de manter a retenção o mais elevada possível, já que após a aquisição e a ativação o funil se estreita e cada vez menos usuários seguem o processo.

Para isso podem-se utilizar estratégias de relacionamento com o cliente, como conteúdo extra, *push notification*, alertas por *e-mail* ou promoções.

Algumas perguntas-chave nessa métrica:

- Qual o retorno médio dos usuários?
- Quantos usuários ativos?
- Quantas reclamações?
- Em qual ponto do *site* ou aplicativo existe maior retorno?

Etapa de referência: usar o poder do boca a boca no mundo digital, sem dúvida, terá efeitos ampliados. Podemos usar os clientes satisfeitos e incentivar amigos a indicarem outros amigos, de maneira a usar a disseminação orgânica do seu produto ou serviço a outro patamar, diminuindo o custo de aquisição, que é o início do funil de conversão. Uma boa estratégia é utilizar um *call to-action* intuitivo para o usuário recomendar rapidamente.

Pontos importantes nessa etapa:

- Quem, como e onde estão falando de você?

- Por que falam?
- Como influenciá-los a falar mais e melhor?

Pontos importantes para métrica de receita (*revenue*):

- Quanto se gastou por cliente (para fins de cálculo de ROI)?
- Qual é o modelo de negócio de conversão?
- Qual é a quantidade de conversões no final do funil?

Estratégia web + apps

Alguns pontos são importantes tanto para estratégia web, quanto para aplicativos. Vamos enumerá-lo na forma de uma *check-list*:

- cuidado com soluções proprietárias e fechadas;
- verifique a modularidade da solução;
- verifique a portabilidade da solução;
- verifique os recursos de manutenção e integração;
- UX (*user experience*) deve permear todo o projeto;
- verifique os aspectos legais e comerciais das *app stores*;
- verifique se o aplicativo está integrado com sua estratégia de marketing;
- e, por último, a pergunta vital: sua empresa precisa mesmo de um aplicativo? Um *site* mobile responsivo não é suficiente para sua estratégia?

Se sua escolha foi web, a manutenção de uma estratégia web mobile requer a atenção em alguns pontos importantes:

1) Verifique se a web já é o canal principal da empresa – algumas empresas já possuem na web um canal *online* consolidado,

com usuários e consumidores fiéis. Vale a pena um cuidado especial para que essa relação continue dando resultados.

2) Verifique se uma solução web não pode ser o MPV (*minimum viable product* ou mínimo produto viável) da sua empresa – soluções web podem ser rapidamente implementadas a custo relativamente baixo, atendendo aos requisitos mínimos para o lançamento de um novo produto ou serviço. É o cenário ideal para metodologias ágeis de desenvolvimento.
3) Responsividade nasce com o projeto – ao abraçar uma solução web, as empresas não podem abrir mão desses dois princípios, que devem ser inerentes ao escopo do projeto. Não são complementos que possam ser implementados depois; devem fazer parte do DNA do projeto.

A correta visualização de conteúdo em todos os dispositivos é também um fator positivo na indexação do conteúdo pelos buscadores, cujos algoritmos privilegiam a responsividade como fator de classificação nas Serp (*search engine results page*, chamadas de página de resultados, em português).

O Google oferece uma ferramenta gratuita de teste de compatibilidade com dispositivos móveis: Mobile Friendly <https://search.google.com/test/mobile-friendly>.

> Os resultados do teste incluem uma captura de tela mostrando como o Google vê a página em um dispositivo móvel, além de uma lista de todos os problemas de usabilidade em dispositivos móveis encontrados. Esses problemas podem afetar um usuário que acessa a página em um dispositivo móvel (com tela pequena), incluindo tamanhos pequenos de fonte (difíceis de ler em uma tela menor) e o uso de Flash, não compatível com a maioria dos dispositivos móveis [ajuda do Search Console. [Disponível em: <https://support.google.com/Webmasters/answer/6352293>. Acesso em: 1 dez. 2017].

4) Usabilidade sempre – um conteúdo responsivo, ou seja, que responde automaticamente às especificidades do suporte no qual é exibido, é um dos pilares de uma boa usabilidade. Usabilidade não é uma "caixinha" que se coloca ou que se tira; ela faz parte do projeto. De uma maneira bem simplificada, podemos dizer que é a soma da interface (UI/*user interface*) com a experiência (UX/*user experience*).

   Segundo Teixeira (2014), usabilidade é um termo usado para definir a facilidade com que as pessoas podem utilizar uma ferramenta ou objeto para realizar uma tarefa. No campo de *human-computer interaction* e *user experience*, usabilidade normalmente se refere à simplicidade e facilidade com que uma interface (*site*, aplicativo, programa de computador, *game* etc.) pode ser usada.

   Usabilidade não é responsabilidade apenas do *designer* ou do desenvolvedor; é um componente sistêmico da estratégia e deve permear todas as etapas nas quais o usuário se relaciona com a empresa. Ela é a estrada onde acontece a jornada do consumidor mobile, é o indicador que faz com que produtos ou serviços digitais semelhantes tenham maior ou menor sucesso quando comparados.

5) Acessibilidade não é caridade – tratar da acessibilidade do conteúdo não é apenas um gesto de caridade para com quem possui alguma dificuldade de interação com a informação, mas sim garantir que nenhum mercado ou nicho específico fique de fora de sua estratégia. Num mundo globalizado e conectado, inclusão universal é uma necessidade básica, inclusive assegurada pela nossa legislação.

   A Lei nº 13.146, Lei Brasileira de Inclusão da Pessoa com Deficiência, sancionada em 6 de julho de 2015, foi criada para assegurar e promover, em condições de igualdade, o exercício dos direitos e das liberdades fundamentais por pessoa com deficiência, visando à sua inclusão social e cidadania, e possui um artigo específico sobre o acesso à informação digital na web:

> Art. 63. É obrigatória a acessibilidade nos sítios da internet mantidos por empresas com sede ou representação comercial no País ou por órgãos de governo, para uso da pessoa com deficiência, garantindo-lhe acesso às informações disponíveis, conforme as melhores práticas e diretrizes de acessibilidade adotadas internacionalmente [Brasil, 2015].

Também aqui, tal qual em relação à usabilidade, trata-se de uma tarefa multidisciplinar na qual *design*, desenvolvimento, gestão e marketing são responsáveis por:

- conhecer as necessidades dos usuários e de que maneira ocorrem suas experiências nos sistemas;
- testar os requisitos de tecnologias e linguagens para assegurar a compatibilidade do conteúdo com todos os *browsers*, interfaces players e controles;
- fornecer, se necessário, o uso de tecnologias assistivas, como leitores de tela, teclados alternativos, comandos por voz;
- integrar, durante o desenvolvimento, pessoas com necessidades especiais que possam contribuir com o projeto.

O WAI (Web Accessibility Initiative) é o braço do W3C (World Wide Web Consortium) que desenvolve estratégias, manuais e recursos para tornar a web acessível a todas as pessoas. Ver: <www.w3.org/WAI>.

6) Semântica e SEO – semântica é o estudo dos significados, presente na linguística e em todas as áreas da tecnologia da informação. Ela busca relacionar palavras, frases, sinais,

códigos, símbolos e o universo que eles representam: dados > informação > conhecimento > inteligência.

Uma correta marcação semântica de conteúdo faz a "ponte" entre as linguagens de código e o significado a ser comunicado, tornando-o fluido e ubíquo, fazendo sentido em todos os contextos e interfaces.

Desde que observadas as implicações semânticas de marcação de código e conteúdo, mobile SEO não é uma categoria à parte de SEO; é apenas uma consequência de um trabalho bem-feito.

No universo da web mobile, a preocupação específica em relação ao SEO trata da exibição de conteúdo nos URLs:

- responsivo – é o padrão mais recomendado para uma boa indexação pelo Google. Nele, o código HTML é o mesmo em todos URLs, independentemente do dispositivo;
- dinâmico – ou seja, o *user agent* (navegador do usuário) é identificado de forma automática: usa o mesmo URL, independentemente do dispositivo, mas o servidor entrega HTMLs diferentes de acordo com a especificidade do *user agent* encontrado no dispositivo;
- URLs independentes – geralmente, é empregado um subdomínio identificando o dispositivo do usuário, por exemplo, <m.meusite.com>. Nesse caso, tanto URLs quanto HTMLs são distintos. É a opção menos indicada.

Dentro do ecossistema móvel, alguns pontos específicos devem ser verificados para uma experiência de busca eficiente:

- correta configuração dos arquivos *robot.txt*;
- definição de palavras-chave e sua correlação (ou adaptação, se necessário) com a busca no *desktop*;

- construção de URLs amigáveis;
- definição do título do documento (*title*);
- marcação correta de títulos e subtítulos de conteúdo (*h1*, *h2*, *h3* etc.);
- uso obrigatório de atributo *alt* nas imagens;
- estratégia de *link-building* voltada para o engajamento mobile;
- integração com ferramentas de geolocalização;
- integração de *links* e ações para *social media*.

Beta perpétuo

Um produto beta refere-se a uma etapa inacabada, uma fase de teste que precede o início de um projeto. Esse conceito é questionado uma vez que os desenvolvedores de software adotam cada vez mais diretrizes para o lançamento de versões novas e anteriores de seus produtos, permitindo que o mercado e seus usuários constantemente forneçam *feedbacks* para melhorar e corrigir possíveis erros de projeto.

Quando é possível a todo momento, e de maneira contínua, revisar, atualizar e criar novas versões de um produto ou serviço, o chamamos de "beta perpétuo", no qual o usuário é constantemente impactado por novas funcionalidades e implementações.

Ao contrário de aplicações nativas que a cada nova versão dependem de um novo *download* e de novas negociações com as lojas de distribuição, uma estratégia web pode estar em constante evolução em beta perpétuo.

7) O poder do HTML – semântica de estrutura e de conteúdo, opções de marcação de conteúdo multimídia (áudio, vídeo e interatividade) nativas no navegador e aderência aos padrões internacionais de acessibilidade conferem ao HTML5 a robustez necessária para a construção de conteúdo web

compatível com todas as plataformas e dispositivos. Ele é a base da Open Web Platform, um ecossistema de tecnologias, serviços e formatos que orbitam ao redor do HTML5, permitindo soluções ubíquas, *open source* e colaborativas, conforme mostrado na figura 70.

Figura 70
W3C (World Wide Web Consortium) – Diagrama do ecossistema da Open Web Platform

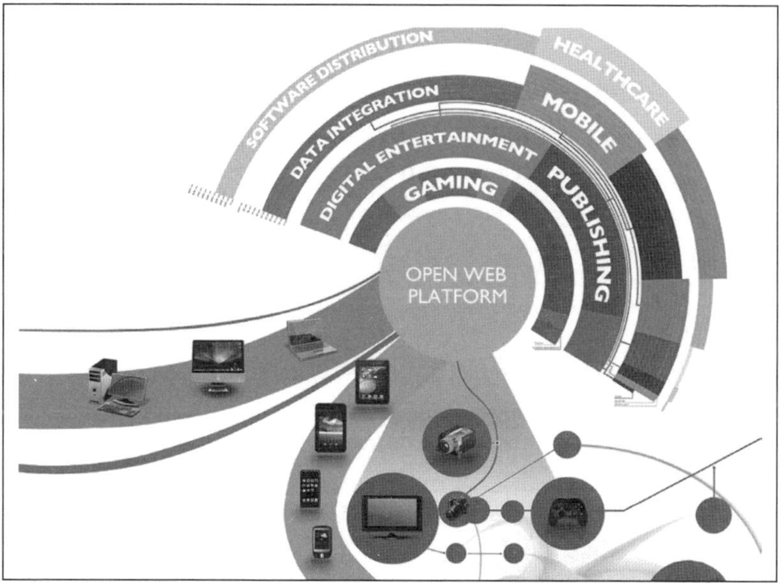

Fonte: <www.w3.org>. Acesso em: 30 dez. 2017.

Políticas das lojas de apps

Um cuidado muito grande deve ser tomado na hora de subir um app para uma loja digital. A primeira coisa que se deve ter em mente é que aquele ecossistema não é seu, e sim de terceiros, seja Apple,

Google, Microsoft. São elas que estabelecem as regras, cabendo aos *designers*, desenvolvedores e gestores do projeto segui-las.

Sem dúvida, já foi mais difícil subir (publicar) um app alguns anos atrás. Por exemplo, um aplicativo na loja da Apple poderia demorar muitas semanas para ser revisado e aprovado. Por sua vez, a loja do Google sempre foi mais permissiva com relação aos apps. As lojas zelam não só pela segurança do que é disponibilizado, mas também pelo respeito aos direitos autorais, direito de imagem e marcas e patentes.

As avaliações do que pode ou não ser disponibilizado nas lojas são feitas de forma semiautomatizada; em alguns casos, podem demorar algumas horas ou dias. Para saber como a loja com a qual você pretende trabalhar funciona, basta entrar na sessão de desenvolvimento da empresa e procurar pelos guias de publicação que, normalmente, oferecem instruções precisas do que é permitido. Porém é válido levar alguns itens em conta antes de submeter o mesmo à aprovação, a fim de não receber o doloroso *rejected*:

- não mencione outras plataformas no seu app. Por exemplo, não fale "também disponível no Google Play" se seu aplicativo é para iOS;
- não use o logotipo da Apple, por exemplo, ou mesmo de outras empresas, sem autorização que tenham o TM (*trade mark*);
- não crie aplicativos visualmente parecidos com o sistema operacional nativo;
- cuidado ao colocar sistema de pagamentos externos; existem regras para isso, principalmente para microtransações;
- não publique aplicativos inacabados, telas com problemas ou vazias. O app será testado e rejeitado;
- não prometa nada que não aconteça, por exemplo, "Jogue grátis" se quando o usuário entra é solicitado um pagamento;
- cuidado com o desempenho e consumo excessivo de bateria.

E o mais importante: considere, no seu planejamento, o tempo médio para seu aplicativo ser publicado e aprovado.

Montando sua primeira campanha

O uso de métodos de aferição e acompanhamento não tem o objetivo de engessar o fluxo de trabalho, mas o de padronizar processos-chave dentro de uma estratégia mobile. As *check lists*, quando usadas criteriosamente, permitem que equipes compartilhem resultados, apontando aspectos positivos e negativos da campanha.

Daniel Rowles (2017) organiza uma série de quatro itens de verificação que aqui adaptamos livremente e de maneira resumida para o contexto desta publicação:

1) Análises preliminares:
   - analisar *websites* e aplicativos mobile concorrentes;
   - compreender a jornada do seu usuário no mobile;
   - avaliar tráfego na web e em dispositivos dos seus usuários;
   - avaliar a experiência do seu usuário atual na web e no aplicativo (se for o caso);
   - avaliar a experiência do usuário das mídias sociais mobile;
   - analisar a experiência de busca mobile do seu usuário;
   - avaliar a experiência do uso de e-*mail*, SMS e mensageria instantânea do seu usuário.

2) Definição de objetivos:
   - definição de objetivos primários, como conversão, vendas, integração *on* e *off line*;
   - definição de objetivos secundários, como audiência, engajamento, *branding*.

3) Panorama tecnológico:
   - definição de tecnologias mobile para a campanha;
   - definição de tecnologias de integração com outros canais.

4) Métricas:
   - configurar ferramentas de análise e métricas para todos os canais;
   - definir como as medidas contribuem para os objetivos primários e secundários;
   - identificar oportunidades de otimização e melhoria;
   - traçar um ciclo de melhorias constantes: medir > analisar > melhorar.

Segurança e privacidade

Sem dúvida, segurança no mundo mobile é cada dia mais importante. Não existe dispositivo mais ímpar e individual que o celular. Todos os produtos digitais estão sujeitos a algum incidente envolvendo os dispositivos móveis, sejam eles *malwares* ou ataques de *phishing*.

Um dos detalhes mais relevantes na segurança é que, diferentemente dos *websites* – onde a informação fica do lado do servidor (*back end*) – muitos aplicativos guardam a informação do lado do cliente (*front end*) para deixar o conteúdo acessível no modo *off-line*. Essa questão estrutural deixa mais vulnerável, sem dúvida, os apps.

Aconselha-se revisar todas as políticas de segurança dos apps, criptografando todos os dados, tanto de comunicação quanto os armazenados. É necessário não só melhorar o desenvolvimento dos apps e sistemas operacionais, mais fazer com que as políticas de privacidade sejam mais restritivas.

Os apps são projetados para cumprir as regras de cada sistema operacional móvel. Porém não faltam histórias de que um aplicativo ouve o que conversamos para nos oferecer propaganda, ou mesmo envia nossas conversas para o governo. De fato, são possibilidades tecnológicas, sim, mas cada empresa, em seu respectivo sistema operacional, adota as medidas para deixar isso explícito a cada usuário, e não só o que está sendo compartilhado, acessível ou disponível para aquela determinada aplicação.

Na figura 71, podemos ver um exemplo do sistema operacional Android solicitando acesso a diversos recursos do aparelho, tais como: armazenamento, câmera, contatos do telefone, ler e enviar SMS e até mesmo o microfone, com o uso de um alerta especial no primeiro acesso.

Figura 71

Exemplo de tela de permissões de segurança de aplicativo Android

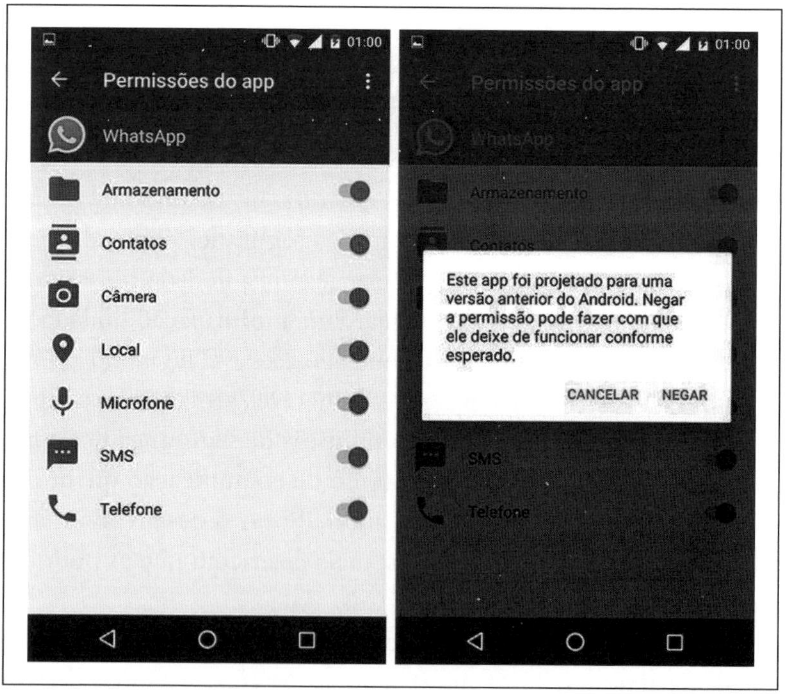

Felizmente, os sistemas operacionais deixam claro o que os apps têm o direito de acessar, podendo o usuário negar esse direito, porém isso, em alguns casos, inviabiliza seu uso. Por exemplo, em um app de gravador de voz, se você não permitir o acesso ao microfone do dispositivo, ele por certo não servirá ao propósito para o qual foi criado.

Os problemas de segurança que ultrapassam o sistema operacional móvel são raros e, quando ocorrem, costumam ser corrigidos rapidamente. Toda loja de aplicativos também tem um capítulo especial para a questão da privacidade, sendo que você, desenvolvedor ou gestor da aplicação, é muitas das vezes obrigado a manter um *website* com os termos de uso e privacidade das informações coletadas dos usuários.

Conclusão

Conteúdos e anúncios visualizados em nossos dispositivos, editados e selecionados por algoritmos, já são realidade. Quanto de inteligência falta ao algoritmo para que ele escreva ou leia para nós?

J. C. R. Licklider, físico, matemático e psicólogo norte-americano, escreveu (em 1960) que, em pouco tempo, os cérebros humanos e os computadores estariam interligados, e o resultado disso é que seremos capazes de pensar como jamais pensamos, e as máquinas serão capazes de processar dados como nunca antes fizeram.

O estreitamento da cooperação homem/máquina abre um panorama criativo de novas possibilidades nas quais comunicação, marketing, software, hardware e pessoas estarão integradas em um único ecossistema.

No mundo digital, toda informação, seja ela gráfica, textual ou sonora, é baseada em instruções de texto, em um código. Esse código que "roda por baixo" dos *sites* ou aplicativos que acessamos permite uma relação amigável com os algoritmos que comandam o universo da comunicação mobile.

O profissional de marketing do século XXI não pode mais caminhar desconectado do universo da tecnologia da informação, especialmente em áreas estratégicas, como a comunicação mobile, em que tal conexão é imprescindível.

O sucesso das estratégias de mobile marketing passa por pessoas que acreditam que a tecnologia está a serviço da construção de um futuro ético e sustentável, baseado em soluções abertas e colaborativas; pessoas que enxergam a tecnologia como um meio, e não como um fim.

Referências

ASHTON, Kevin. That 'internet of things' thing: in the real world, things matter more than ideas. *RFID Journal*, 22 jun. 2009. Disponível em: <www.rfidjournal.com/articles/view?4986>. Acesso em: 25 nov. 2017.

BEGOLE, Bo. *Defining ubiquitous computing vs. augmented reality*. 2 mar. 2010. Disponível em: <http://blogs.parc.com/2010/03/defining-ubiquitous-computing-vs-augmented-reality/>. Acesso em: 29 dez. 2017.

BRASIL. Lei nº 13.146, de 6 de julho de 2015: Institui a Lei Brasileira de Inclusão da Pessoa com Deficiência (Estatuto da Pessoa com Deficiência). Brasília, DF: *Diário Oficial da União*, 7 jul. 2015. Disponível em: <www.planalto.gov.br/ccivil_03/_Ato2015-2018/2015/Lei/L13146.htm>. Acesso em: 25 de novembro, 2017.

CETIC.BR. TIC Domicílios 2016: usuários de internet pelo telefone celular, por tipo de conexão utilizada no celular. *Portal institucional*, [s.d.a]. Disponível em: <http://cetic.br/tics/domicilios/2016/individuos/J6> Acesso em: 2 dez. 2017.

______. Saiba mais sobre o Cetic.br. *Portal institucional*, [s.d.b]. Disponível em: <www.cetic.br/pagina/saiba-mais-sobre-o-cetic/92>. Acesso em: 2 dez. 2017.

CUSIN, Cesar; BACHINI, Clécio; FLATSCHART, Fábio. *Open web platform*. Rio de Janeiro: Brasport, 2013.

FLATSCHART, Fábio. *HTML5*: embarque imediato. Rio de janeiro: Brasport, 2011.

______. *Livro digital etc.* Rio de Janeiro: Brasport, 2014.

______. *Web das coisas.* São Paulo: Ed. Senac São Paulo, 2016.

GOOGLE. *Micro-moments*: your guide to winning the shift to mobile. [S.d.]. Disponível em: <https://think.storage.googleapis.com/images/micromoments-guide-to-winning-shift-to-mobile--download.pdf>. Acesso em: 29 nov. 2017.

INTERNATIONAL TELECOMMUNICATION UNION (ITU). *DRAFT NEW REPORT ITU-R M.[IMT-2020.TECH PERF REQ]*: Minimum requirements related to technical performance for IMT-2020 radio nterface(s). 23 fev. 2017. Disponível em: <www.itu.int/md/R15-SG05-C-0040/en>. Acesso em: 2 dez. 2017.

JOHNSON, Steven. *Cultura da interface*: como o computador transforma nossa maneira de criar e comunicar. Rio de Janeiro: Jorge Zahar, 2001.

KAPLAN, Andreas M. *If you love something, let it go mobile*: mobile marketing and mobile social media 4 x 4, 2012. Disponível em: <https://smad341automotive.files.wordpress.com/2012/09/going-mobile.pdf>. Acesso em: 2 dez. 2017.

KIPPER, Greg; RAMPOLLA, Joseph. *Augmented reality*: an emerging technologies guide to AR. Amsterdam: Elsevier, 2012.

LICKLIDER, J. C. R. Man-computer symbiosis. In: *Transactions on Human Factors in Electronics*, v. HFE-1, p. 4-11, mar. 1960. Disponível em: <http://memex.org/licklider.pdf>. Acesso em: out. 2018.

MOBILE MARKETING ASSOCIATION (MMA) *Updates definition of mobile marketing.* 17 nov. 2009. Disponível em: <www.mmaglobal.com/news/mma-updates-definition-mobile-marketing>. Acesso em: 25 nov. 2017.

OKRASKI, Henry C. *The wonderful world of simulation*: a brief history of modeling and simulation and its impact on our lives. Oviedo, FL: Modelbenders LLC, 2013.

REDEFINING modern web development. *Forbes*, 17 maio 2017. Disponível em: <www.youtube.com/watch?v=JmC0xkCMFCE> Acesso em: 25 nov. 2017.

REKIMOTO, J.; NAGAO, K. The world through the computer: computer augmented interaction with real world environments. In: ANNUAL ACM SYMPOSIUM ON USER INTERFACE AND SOFTWARE TECHNOLOGY, 8., 1995. *Proceedings...* Nova York: ACM, 1995.

ROWLES, Daniel. *How mobile technology is revolutionizing marketing, communications and advertising*. Londres: Kogan Page, 2017.

TEIXEIRA, F. *Introdução e boas práticas em UX design*. São Paulo: Casa do Código, 2014. (*ebook*).

WEISER, Mark. *Ubiquitous computing*. [S.l.]: [s.n.], 17 mar. 1996. Disponível em: <www.ubiq.com/hypertext/weiser/UbiHome.html>. Acesso em: 1 mar. 2017.

WROBLEWSKI, Luke. *Mobile first*. Filadélfia, PA: A Book Apart LLC, 2011.

Sites visitados

Ali Express <www.aliexpress.com>.

Ampfy <www.ampfy.com.br>.

Augmented Reality Trends <https://goo.gl/RMiMoy>.

Axure <www.axure.com/>.

Beacons da Estimote e o respectivo aplicativo de controle <https://estimote.com/press-kit/>.

Bella Capri <www.bellacapri.com.br>.

Bluetooth Special Interest Group <www.bluetooth.com/>.

Bradesco <www.bradesco.com.br>.

Case Obba! Saladaria Delivery <http://pme.estadao.com.br/noticias/pme,dupla-fatura-r-1-milhao-com-venda-de-saladas-por-whatsapp,20000000318,0.htm>.

Case Studies Forbes <https://developers.google.com/web/showcase/2017/forbes>.

Case Studies OLX <https://developers.google.com/web/showcase/2017/olx>.

Case Zenvia: Morena Rosa <www.zenvia.com/cases/morena-rosa>.

Designdb. com <www.designdb.com>.

Estadão PME. Dupla fatura R$ 1 milhão com venda de saladas por Whatsapp. 2017 <https://pme.estadao.com.br/noticias/pme,dupla-fatura-r-1-milhao-com-venda-de-saladas-por--whatsapp,20000000318,0.htm.

Estimote (http://estimote.com>.

Etiqueta adesiva com RFID da empresa iTAG <https://site.itagtecnologia.com.br/produto/etiquetas-adesivas-2>.

Feel Real <www.feelreal.com>.

Flurry Analytics <www.flurry.com>.

Glass <https://x.company/glass/>.

Globo Play <https://globoplay.globo.com/>.

Google <https://vr.google.com/cardboard>.

Google Play Store <https://play.google.com/store/apps/details?id=com.sensopia.magicplan>; <https://play.google.com/store/apps/details?id=com.mateusnoponto.app>; <https://play.google.com/store/apps/details?id=com.tokpag>; <https://play.google.com/store/apps/details?id=br.com.correios.srocorreios>.

I Love Trip <www.ilovetrip.com.br>.

Institute of Electrical and Electronics Engineers (IEEE) <www.ieee.org/>.

InVision <www.invisionapp.com/>.

ITU: United Nations specialized agency for information and communication technologies – ICTs <www.itu.int>.

Internet of Things Global Standards Initiative, 2015 <www.itu.int/en/ITU-T/gsi/iot/Pages/default.aspx>.

Kanamobi Positron <www.kanamobi.com.br/cases/positron>.

Kanamobi Stoneridge <www.kanamobi.com.br/cases/stoneridge>.

Major HiFi (http://majorhifi.com>.

McDonald's (http://mdq.jp>.

Meu Show: Vivo lança concurso de música pelo celular <www.clubedecriacao.com.br/ultimas/meu-show/>.

Microsoft <www.microsoft.com/en-us/hololens>.

Mobile First Design <www.thumb321.com.br/img-524cba-c412bb70d6>.

Mobile Marketing Association (MMA) <www.mmaglobal.com/news/mma-updates-definition-mobile-marketing>; <www.mmaglobal.com/case-study-hub/case_studies/view/41819>.

MockingBot <https://mockingbot.com/>.

Mundo das Tribos <www.mundodastribos.com/promocao-sbt--monta-a-sua-banda.html>.

Near Field Communication Forum (NFC Forum) (http://nfc--forum.org/>.

NFC Forum (http://nfc-forum.org>.

OpenSignal <https://opensignal.com>.

Ponto Certo Bilhete Único (http://bilheteunico.redepontocerto.com.br>.

Positivo <www.positivoinformatica.com.br/>.

Programa WiFi Livre SP <www.prefeitura.sp.gov.br/>.

Project m.g <www.project-mg.com/mg-visits-louis-vuitton-series-3--exhibition-in-london/>.

Proto.io <https://proto.io/>.

Samsung <www.samsung.com/br/>.

Santa Casa <https://youtu.be/w20vkqZQllY>.

SlideShare <www.slideshare.net/marknb00/comp-4010-lecture3--human-perception>.

Spotify <www.spotify.com/br/>.

StartitUp (http://startitup.co/guides/374/aarrr-startup-metrics>.

StatCounter Global Stats (http://gs.statcounter.com>.

Superplayer <www.superplayer.comn.br>.

Teleco <www.teleco.com.br>.

The Void <www.thevoid.com>.

Uber Developers <https://developer.uber.com/solutions/messages>.

Virtual Reality Society <www.vrs.org.uk/virtual-reality-profiles/vpl-research.html>.

Vive <www.htcvive.com>.

Web Accessibility Initiative (WAI) <www.w3.org/WAI>.

Wi-Fi Alliance® <www.wi-fi.org>.

WI FI Max <www.wifimax.com.br>.

WI-FI Max: autenticação via voucher <www.wifimax.com.br/como-implantar-e-gerenciar-hotspots>.

W3C (World Wide Web Consortium) <www.w3.org/>.

YouTube <https://youtu.be/cML814JD09g>; <https://youtu.be/okllrs-SUQg>; <www.youtube.com/watch?v=BtIaUFyvGgU>; <www.youtube.com/watch?v=5QDB7CDD5aA>; <www.youtube.com/watch?v=vDNzTasuYEw>; <www.youtube.com/watch?v=FXKCs2Tre10>; <www.youtube.com/watch?v=lnB9C3YZCRI>.

Zenvia <https://zenvia.com>.

Os autores

Fábio Flatschart
MBA em marketing pela Fundação Getulio Vargas (FGV). É formado pela Escola de Comunicação e Artes da Universidade de São Paulo (USP) e possui especialização em criação visual e multimídia. É autor dos livros *HTML 5: embarque imediato*, *Livro digital etc.*, *Open Web platform* e *Web das coisas*. Professor dos MBAs em marketing e marketing digital da Fundação Getulio Vargas (FGV).

João Rego
Mestre em administração pelo Ibmec Rio de janeiro. Programador sênior, especialista em tecnologia e marketing digital, realizou centenas de projetos na área, alguns deles premiados, em empresas como MK Music, Banco Bradesco, Ambev, UBER, Colgate/Palmolive, Whirpool, Biogen, L'Oréal, GOL, KLM, Toyota, ANP, Ministério da Cultura e Esportes, Eletropaulo, Klabin, Natura, Corteva, Multiplan, Heineken e Nestlé. É professor de MBA e pós-MBA da Fundação Getulio Vargas (FGV) nos cursos de marketing, marketing digital, TI e gestão empresarial.